我思

敢於運用你的理智

崇文學術·邏輯

墨經校釋

梁啓超 著

長江出版傳媒
崇文書局

圖書在版編目（CIP）數據

墨經校釋 / 梁啓超著. -- 武漢 : 崇文書局,
2024.5
（崇文學術・邏輯）
ISBN 978-7-5403-7629-1

Ⅰ. ①墨… Ⅱ. ①梁… Ⅲ. ①《墨經》－注釋 Ⅳ.
①B224.2

中國國家版本館 CIP 數據核字（2024）第 072680 號

墨經校釋
MOJING JIAOSHI

出 版 人　韓　敏
出　　品　崇文書局人文學術編輯部
策 劃 人　梅文輝（mwh902@163.com）
責任編輯　梅文輝
封面設計　甘淑媛
責任印製　李佳超
出版發行　長江出版傳媒 | 崇文書局
地　　址　武漢市雄楚大街 268 號出版城 C 座 11 層
電　　話　(027)87679712　　郵　編　430070
印　　刷　武漢中科興業印務有限公司
開　　本　880mm×1230mm　1/32
印　　張　8
字　　數　80 千
版　　次　2024 年 5 月第 1 版
印　　次　2024 年 5 月第 1 次印刷
定　　價　58.00 元
（讀者服務電話：027－87679738）

新會梁啓超著

墨經校釋

商務印書館發行

墨經校釋目錄

自序

在吾國古籍中，欲求與今世所謂科學精神相懸契者，墨經而已矣，墨經而已矣。墨子之所以教者，曰愛與智。天志尚同兼愛諸篇，墨子言之而弟子述之者，什九皆教愛之言也。經上下兩篇，半出墨子自著，南北墨者俱誦之，或述所聞，或參己意以爲經說，則教智之言也。經文不逾六千言，爲條百七十有九。其於智識之本質，智識之淵源，智識之所以濬發運用，若何而得眞，若何而墮謬，皆析之極精，而出之極顯。於是持之以辨名實御事理。故每標一義訓，其觀念皆穎異而刻入；與二千年來俗儒之理解迥殊別，而與今世西方學者所發明，往往相印。旁及數學形學光學力學，亦閒啓其扃祕焉。蓋嘗論之，墨經殆世界最古名學書之一也。歐洲之邏輯，創自阿里士多德，後墨子可百歲。然代有增損改作，日益光大，至今治百學者咸利賴之。墨經，則秦漢以降，漫漫長夜。

茲學既絕，則學者徒以空疏玄渺膚廓模棱破碎之說相高，而智識界之榛塞窮餓，乃極於今日。吁！可悲已。後世治此者，惟於晉得一魯勝，蓋總經上下經說上下四篇，名曰墨辯，而爲之注。其序見存於晉書隱逸傳；其注則隋書經籍志已不著錄，蓋亡之久矣。墨子全書，本稱難讀，而茲四篇者特甚。原文本皆旁行，今本易以直寫，行列錯亂，不易排比，一也。說與經離，不審所屬，無以互發，二也。章條句讀，交相錯迕，上屬下屬，失之千里，三也。文太簡短，其或譌奪，末由尋繹語氣以相是正，四也。案識之語，羼入正文，不易辨別，五也。累代展轉寫校，或强作解事，奮筆肊改，譌復傳譌，六也。古注已亡，無所憑藉質證，七也。含義奧衍，且與儒家理解殊致，持舊觀念以釋之，必致誤繆，八也。夫世既莫知重其學矣，而治之復具此八難，是以明珠委塵，幽蘭棄莽，悠悠千禩，莫或顧視也。清乾嘉間，校勘學大昌。汪容甫（中）畢秋帆（沅）各校注墨子，畢本頗行於世，王懷祖(念孫)伯申(引之)父子及俞蔭甫(樾)所著書，於墨子皆有所讐釋，墨子自是稍稍可讀矣。張皋文(惠言)著墨子經說解，而墨經始有專注。吾鄉先正鄒特夫(伯奇)陳蘭甫(澧)兩先生，時時引西來之學解墨經，學者益漸驚茲經所蘊之富。然皆斷章單義，間有發明，未得百之一二。孫仲容(詒讓)著墨子閒詁，全書疑滯，剖抉略盡。獨茲四篇，用力雖勤，而所闡仍寡；卽以校勘論，其犁然而有當者，亦未始得半。作始之難，理固然也。比年以來，歐學東注，學者憑借新知以商量舊學，益覺此六千言者，所函義浩無涯涘。若章太炎(炳麟)胡適之(適)所撰述，時有徵引濬發，深造蓋邁先輩。啓超幼而好墨，二十年來，於茲經有所校釋，隨劄記於卷端，得若干條；未及整理，輒復亡散。今冬方在清華園爲諸生講國學小史，值歲暮休暇，輟講利用餘晷，遂檢舊稾，比而次之，得數萬言，命曰墨經校釋。其於畢張孫諸君子之說持異同者蓋過半。然非諸君子勤之於前，則小子何述焉；故知學問之業，非一人一時代所能就，在善繼而已矣。抑諸君子之勤之於前者，皆一代耆宿，學博而慮專。然且有爾許詮釋未安之餘義，以待後學之商搉；則譾陋蕪率如啓超者，更安敢自信。玆所校釋，儻能什得四五，以待來哲之繩墨，則爲榮多矣。魯勝墨辯序云：『引說就經，各附其章，疑者闕之。』竊取斯恉，用爲義例。不審於魯君之業，能踐跡一二焉否也。庚申除夕，啓超記。

凡例

一：依本書旁行原本，引說就經，應分上下兩行排列。其式如下：

經 故所得而後成也

經說 故小故有之不必然無之必不然體也若有端大故有之必無然若見之成見也

經 體分於兼也

經說 體若二之一尺之端也

經 止以久也

經說 止無久之不止當牛非馬若矢過楹有久之不止當馬非馬若人過梁

經 必不已也

經說 必謂臺執者也若弟兄

今爲印刷便利起見，不復分上下行，故析之爲四卷，卷一釋經上經說上之上行，卷二釋經上經說上之下行，卷三釋經下經說下之上行，卷四釋經下經說下之下行。

二：爲欲存舊本真面，依畢氏孫氏例，別附旁行句讀表於後。

三：校改之字，用方體字，仍注舊本原字於其下。校刪之字，用黑方格圍之。存疑者則旁施黑筆疑問符（？）。

四：凡經說每條首一字，皆牒經標題之文，不應與下文連讀。故皆空一格，施挈下符：於旁，以清眉目。

五：前人校改之字今采用者，但書從某人校字樣，不復述其所校之理由。學者可參看原書。

讀墨經餘記

新會梁啟超

注墨經者始魯勝。勝字叔時，晉惠帝時人。著述甚多，有正天論，糾正當時曆法，自云：『如無據驗，甘卽刑戮。』知其人邃於科學，而自信力甚强矣。所著墨辯注，久佚；賴晉書隱逸傳猶存其敍。今錄之以志竊比之誠。其文曰：

『名者，所以別同異，明是非，道義之門，政化之準繩也。孔子曰：「必也正名，名不正，則事不成。」墨子著書，作辯經以立名本。惠施公孫龍祖述其學，以正別名顯於世。孟子非墨子，其辯言正辭則與墨同。荀卿莊周等，皆非毀名家，而不能易其論也。名必有形，察形莫如別色，故有堅白之辯。名必有分，明分【明】莫如有無。故有無序之辯。是有不是，可有不可，是名兩可。同而有異，異而有同，是之謂辯同異。至同無不同，至異無不異，是謂辯同辯異。同異生是非，是非生吉凶。取辯於一物，而原極天下之汙隆，名之至也。自鄧析至秦時名家者，世有篇籍。率頗難知，後學莫復傳習。於今五百餘歲，遂亡絕。墨辯有上下經，經各有說，凡四篇，與其書衆篇連第，故獨存。今引說就經，各附其章，疑者闕之。又采諸衆雜集爲刑名二篇；略解指歸，以俟君子。其或興微繼絕者，亦有樂乎此也。』

勝言：『墨子著書，作辯經以立名本。』是勝以此經爲墨子自著也。畢沅亦云：『此翟自著，故號曰經。中亦無「子墨子曰」云云。』其說甚是。莊子天下篇云：『相里勤之弟子五侯之徒，南方之墨者苦獲已齒、鄧陵子之屬，俱誦墨經；而倍譎不同，相謂別墨。』所謂「誦墨經」者，卽誦此也。墨者何以獨誦此經。蓋智識之源泉存焉。而篇中義訓，皆墨學精神所寄也。古書槧於竹簡，傳寫甚難，故凡著述者文皆極簡。老子僅五千言。墨經不逾六千言。孔子作春秋，亦義豐而文約，而微言大義，皆在口說，蓋以此也。

孫詒讓始疑此經非墨子所作，而胡適益衍其說。孫氏之言曰：『四篇皆名家言，其堅白異同之辯，則與公孫龍書及莊子天下篇所述惠施之言相出入。……似戰國時墨家別傳之學，不盡墨子本恉。畢謂墨子自著，考之未審也。』胡氏以大取小取合此四篇，統名墨辯，（魯勝所謂墨辯、只有經上下經說上下四篇、不含大取小取。）而斷言此六篇皆非墨子作。舉四理由：(一)與他篇文體不同。(二)與他篇理想不同。(三)小取篇兩稱「墨者，」故決不出墨子手。(四)所言與惠施公孫龍相同，當爲施龍之徒所作。胡氏既持此說，乃解天下篇「倍譎不同相謂別墨」八字，謂治墨辯一派之墨者，與舊墨學「倍譎不同，」因自稱爲「別墨，」「別墨」卽「新墨學」之意云云。（中國哲學史大綱一八五至一八七葉。）今案：孫胡說非也。經上下經說上下大取小取六篇，雖皆多言名學，而諸篇性質各異，不容併爲一談。大取小取，既不名經，自是後世墨者所記，斷不能因彼篇中有「墨者」之文，而牽及經之眞僞，蓋彼本在經之範圍外也。（胡氏誤認六篇同出一人手、此根本致誤處。）經分上下兩篇，文例不同。經上必爲墨子自著無疑。經下或墨子自著，或禽滑釐孟勝諸賢補續，未敢懸斷。至經說與經之關係，則略如公羊傳之於春秋。欲明經，當求其義於經說，固也。然不能逕以經說與經同視。經說固大半傳述墨子口說，然既非墨子手著，自不能謂其言悉皆墨子之意；後學引申增益，例所宜有。況現存經說，非盡原本，其中尙有後人案識之語，羼入正文。（詳說下。）今因說之年代以疑經之年代，是猶因公羊傳有孔子以後語，而謂春秋非孔子作，大不可也。至經之文體與他篇不同，此正乃經爲墨子自著之確證耳。何也？諸篇皆有「子墨子曰」云云，則其必爲門弟子所記述，而非墨子自著甚明。師之著述，其文體何故須模擬弟子所記？經文體與他篇異者，經爲墨子自著，他篇爲弟子記，故也。胡氏反以此爲經非出墨子之證，何也？胡謂經爲惠施公孫龍之徒所著；殊不知以文體論，墨經決非施龍時代之產物，而實爲墨子時代之產物。試將老子與莊子比較，論語與孟子比較，即可知當時二百餘年間，文體變遷甚劇。前此文約而旨微，後此文敷而旨暢。施龍時代之文，則莊孟國策其代表也。墨經之文，乃與易象傳及春秋頗相類，此種文體，戰國無有也。胡云：與他篇理想不同，此實不然。墨子之教，曰智與愛；他篇多教愛之言，此經多教智之言，其範圍本應有別。且此經根本理想，實與墨教一致。如『仁、體愛也』、『義、利也』、『任、士損己而益所爲也』、『無窮不害兼』、諸條最明。其與他篇互有詳略，則固宜然耳。胡氏謂明鬼等篇多迷信之言、此經無有、以是爲不同出一手之證。此論非是。墨子惟天志明鬼兩篇有迷信之言、所謂言各有當耳、不能以此爲墨家之根本義。胡氏又謂墨子時科學思想不應如此發達、此亦不然。墨子距公孫龍、百餘年耳。其間並無特別理由可以促科學之發生、然則公孫龍時所能有之科學思想、何以墨子時必不能有？且墨子備城門以下十一篇、皆須有科學爲之基礎、乃能有此類之發明。若公孫龍之徒、則惟詭辯耳、抑不足以語於科學也。

墨經與惠施公孫龍一派學說之關係，最當明辯。施龍輩確爲「別墨」，其學說確從墨經衍出，無可疑也。然斷不能謂墨經爲施龍輩所作。蓋施龍輩所祖述者，不過墨經中一小部分，而其說之內容，又頗與經異也。經上篇並無「堅白異同」「牛馬非馬」等論。第六十六條『堅白不相外也』。「白」「不」二字、全屬後人妄加。據經說文無「白」字、且專釋「堅之相外」、可證。說詳本條。經下篇雖有數條，第十六條『不堅白、說在無久與宇、堅白說在因。』第五十五條『狗犬也、而殺狗非殺犬也、可、說在重。』第六十七條『牛馬之非牛、其名不同、說在兼。』而辭極簡約，是否卽如後世名家之所說，蓋未可知。經說上篇，此類之論亦絕少，下篇則多矣，且有並文字亦與今本公孫龍子同者，如第一四、一六、三四、三八、六六、六七、六八等條。殆卽龍之徒所爲說也。細按四篇之文，經下或比經上時代稍後，其兩經皆墨子著耶？抑經下出諸弟子手耶？未能確斷。經說則決非出自一人，且並未必出自一時代；或經百數十年遞相增益，亦未可知，故其文詳略顯晦，互不相同。則雖公孫龍之徒所論述者亦在其中，固無足怪。至於「臧三耳」「白馬非馬」「矩不方」「規不可以爲圓」「白狗黑」等詭僻之說，則四篇中固未嘗有也。莊子天下篇：『俱誦墨經，而倍譎不同，相謂別墨；以堅白同異之辯相訾，以觭偶不仵之辭相應。』謂其同出於墨經而倍譎不同，互相訾以「別墨」。「別墨」者，言非墨家之正統派也。（胡氏讀「相謂」爲「自謂」，大非宜。）夫墨經含義甚豐，乃僅摭其「堅白同異觭偶不仵」之一部分相訾相應，而所推演又或盭於經恉，則謂之「別墨」宜矣。若如胡氏說，則所謂「俱誦墨經」者，究誦何物？明明有經兩篇，必指爲非經，而別求經於他處，甚無謂也。（胡氏指尚同兼愛等篇爲墨經，非是。此諸篇，篇各有三，蓋當時「三墨」之徒、各記所聞。其文乃論體而非經體。三墨並宗者、則此經上下二篇而已。）

經與經說，舊皆旁行，今並改爲直寫，而改法又各自不同。經則上下行交錯相次，上行第一條『故所得而後成也』之後，即次以下行第一條之『止以久也，』後次以上行第二條之『體分於兼也。』經說則不然。上半篇自『故小故有之不必然』至『戶樞免瑟』皆釋經文上行，從『故所得而後成也』『體分於兼也』起至『動或徙』凡四十九條，橫列而釋之。下半篇自『止無久之不止』至『若自然矣。』皆釋經文下行，從『止以久也』『必不已也』起至『正無非，』亦橫列而釋之。經文間錯，句讀尚易。經說字句既較繁，且互相連屬；每條起訖，動生疑問；故引說就經，其事更難。今細繹全文，得一公例。凡經說每條之首一字，必牒舉所說經文此條之首一字以爲標題。此字在經文中可以與下文連讀成句；在經說文中，決不許與下文連讀成句。此例，張孫各家，本皆見及，但信之不篤，守之不嚴。故舊注之引說就經，常滋譌謬，試舉數條爲例：

（一）經說下（嘉靖本，卷十，葉十七）『損飽者去餘適足不害能害飽若傷麋之無脾也且有損而后益智者若瘧病之之於瘧也智以目見而目以火見而火不見惟以五路智久不當以目見若以火見火謂火熱也非以火之熱我有若視曰智雜所智與所不智而問之則必曰是所智也是所不智也取去俱能之是兩智之也」

此段凡分四條，自『損飽者去餘』至『之於瘧也，』為一條，釋第四十六條經文之『損而不害說在餘。』「損」字，其牒經標題之文也。自『智以目見』至『若以火見，』為一條，釋第四十七條經文之『知而不以五路說在久。』「智」卽知字，其牒經標題之文也。自『火謂熱也』至『若視日，』為一條，釋第四十八條經文之『火熱說在頓。』「火」字其牒經標題之文也。自『智雜所智』至『兩智之也，』為一條，釋第四十九條經文之『知其所以不知說在以名取。』「智」字，其牒經標題之文也。以此例衡之，本釐然分明。然章炳麟則以『若瘧病之之於瘧也』屬四十七條，謂為釋『知而不以五路；』不知第四十七條決當從『智以目見』

起，因牒經之「智」字，最可信據也。章氏又以『若以火』斷句，而以『見火』二字並屬四十八條。（國故論衡原名篇。）孫詒讓則以『若以火見火』斷句，而以『見火』二字並屬四十七條，不知此文決當以『若以火見』斷句，因下「火」字乃四十八條牒經之文，最可信據也。張惠言孫詒讓皆以『我有若視曰智』斷句，指爲釋『知其所以不知』不知此條決當從「智」字起，因其爲牒經之文，最可信據也。

（二）經說下（葉二十）『若耳目異木與夜孰長』

孫以『若耳目異』斷句，不知自「異」字以下，乃釋第八條之『異類不比說在量』「異」字其牒經標題也。孫不守此例，則因異字與下連屬不成詞，乃誤割以屬上條矣。

（三）經說下（葉十五）『若敗邦鬻室嫁子無子在軍不必其死生』

此段應以『鬻室嫁子』斷句，釋第三十二條之『買宜則售說在盡』

自『無子』以下，則釋第三十三條之『無說而懼說在弗必。』「無」字乃牒經標題，『子在軍』三字成句，本甚易解，孫氏不守此例以『嫁子無子』讀爲句，不成文矣。

（四）經說上（葉八）『心中自是往相若也』

此文「心」字，乃前條錯入者，『中自是往相若也，』釋第五十四條經文之『中同長也。』「中」字乃牒經標題。孫氏不解，遂謂此條無說。

（五）經說上（葉九）『堅異處不相盈』

此條釋經文『堅相外也。』「堅」字乃牒經標題。孫氏破爲『堅白異處相盈，』（增一白字刪一不字）誤欲引堅字連下爲句，不惜肊改原文也。

（六）經說上（葉十）『若姓宇灑謂狗犬命也』

此文自『謂狗犬』以下，釋第七十九條經文之『謂命舉加。』「謂」字其牒經標題也。「灑」字乃麗字之訛，應屬上條。孫氏不明牒經之例，乃將

「灑謂」連讀，又破「灑」爲「鹿」，甚牽強而失之益遠。

（七）經說上（葉十一）『執服難成……』

此文釋第九十二條經文『執所言而意得見心之察也』「執」字乃牒經標題。孫氏誤謂此條無說。

（八）經說下（葉十二）『二與一亡不與一在偏去』

此文釋第四條經文『一偏棄之』本兩「一」字上「一」字乃牒經標題，下「一」字與下文連讀成句。傳寫者誤併之成爲「二」字，而舊注家皆不得其說。

以上不過隨舉數事，而此例之足信據，略可見矣。吾持此以是正舊注之誤共八十四條。經說上之十八、二九、三〇、三二、三三、三五、三六、四九、五一、五二、五三、五四、六六、七三、七四、七五、七九、八三、八四、八八、九一、九二、九三、九四、九五、九六等條。經說下之二、三、四、五、六、七、八、十、十一、十三、十五、十六、十七、二〇、二三、二四、二五、二六、二九、三三、三四、三五、三七、三八、三九、四〇、四二、四三、四四、四五、四六、四七、四八、四九、五四、五八、六〇、六一、六二、六三、六四、六五、六六、六七、六八、六九、七〇、七一、

七二、七三、七四、七五、七七、七八、七九、八〇、八一、八二、八三等條。幾居全書之半。竊謂循此以讀，可以無大過；願後之明哲，更有以正之。

今本之經及經說，皆非盡原文，必有爲後人附加者。經上篇末『讀此書旁行』五字，其最顯而易見者也。經說每條牒經標題之字，亦必非原有。蓋當時讀者，因說與經離，慮引釋錯誤；乃取經每條之首一字，冠注於經說每條之首；便比附檢閱云爾。然因此兩種附加，我輩乃能於千載殘缺之後，得有所依據以通此經之七八，則附加者之功真不細矣。

既已有附加，則所加者或竟不止此。以文體論之，經文之極簡賅，不待言矣。即經說文亦至謹嚴，每條罕過二十字。其間宂長者數條，疑有後學附加之文。例如經說上第七十五條，（釋經文『爲窮知而縣於欲也。』）其文體與他條絕對不類；其必爲讀者案識之語羼入正文，殆無可疑。以此推之，他條亦安保無有。但附加者仍必出先秦人之手，且爲忠於墨學者之所爲；非如劉歆王肅輩有意竄改古籍耳。然既有附加，則其思想自未必能與墨子一致。胡適因其中數條與惠施公孫龍同調，遽疑全經皆施龍之徒所作，蓋未分別觀之耳。

墨經最重要之部分，自然是在名學。經中論名學原理者約居四之一，其他亦皆用「名學的」之演繹歸納而立義者也。其名學之布式，則與印度之「因明，」有絕相類處，「因明」以宗因喻三支而成立，其式如下：

宗——聲，無常。

因——何以故？所作故。

喻——凡所作皆無常。例如瓶。

墨經引說就經，往往三支顯備。例如上篇第三條：

宗——『知，材也。』

因——何以故？以『知也者所以知也而不必知』故。

喻——凡材皆所以知而不必知，例『若目。』

此條宗在經，因喻在說，此正格也。亦有宗在說而因在經者。例如上篇第三十六條：

宗——『不在禁；雖害無罰。』

因——『罪，犯禁也。』

喻——『若殆。』

亦有宗因俱在經而喻在說者。例如下篇第四十六條：

宗——『損而不害。』

因——『說在餘。』

喻——若『飽者去餘，』『若瘧病者之於瘧也。』

西洋邏輯之三支，合大前提，小前提，斷案，三者而成，其式如下：

大前提——凡人必有死。

小前提——墨子，人也。

斷　案——故墨子必有死。

墨經中亦有用此式者。例如下篇第十條：

大前提——『假必非也而後假。』

小前提——『狗，假虎也。』

斷　案——『狗，非虎也。』

以上皆就格式方面比較異同。其實墨家之有功於名學，不在其格式而在其原理。若上篇之第一條至第六條，第三十一條三十二條，第七十條至七十四條，第七十八條至八十三條，第八十六條至九十六條；下篇之第一條至第十七條，第三十四條至四十三條，第四十七條至五十一條，第六十五條至七十三條；於名理披析，皆極細密。今世論理學之重要問題，略具矣。

小取篇云：『夫辯者，將以明是非之分，審治亂之紀，明同異之處，察名實之理，處利害，決嫌疑。焉（乃訓）摹略萬物之然，論求羣言之比。以名舉實，以辭抒意，以說出故；以類取，以類予。』此論「辯」之界說及其作用，最爲精審。所謂名也實也故也類也舉也說也，經中皆有專條。

小取篇又論「辯」之應用，列舉七事：

一曰或：『或也者，不盡也。』

二曰假：『假也者，今不然也。』

三曰效：『效者，爲之法也。所效者，所以爲之法也。故中效則是也，不中效則非也。』

四曰辟：（同譬）『辟也者，舉他物而以明之也。』

五曰侔：『侔也者，比辭而俱行也。』

六曰援：『援也者，曰：子然，我奚獨不可以然也。』

七曰推：『推也者，以其所不取同於所取者予之也。是猶謂他者同也，吾豈謂他者異也。』

以上七條，胡適哲學史大綱解釋甚當。余舊著墨子論理學一篇、亦曾釋此七條、不如胡氏之完密。治墨家名學者，以大取小取爲經之鑰，則宗廟之美百官之富，庶乎其可睹也。

庚申臘不盡三日　啓超記。

復胡適之書（附錄）

適之我兄：

奉書及所賜墨經校釋序，懽喜無量。此種序文，表示極肫篤的學者態度，於學風大有所裨，豈惟私人紉感而已。嗣復奉讀大著墨辯新詁稿本；撢繹終篇，益感共學之樂。除隨手簽注若干條外，對於尊序所討論者，更願簡單有所商榷：

公對於吾所提出之牒經標題公例，謂定得太狹窄，此論吾亦表相對的敬佩。吾之公例所下字，誠不免過於嚴格。但吾終信此公例確爲「引說就經」之一良標準。在全書中既有什之八以上不煩校改而得此例正確妥帖之適用。其餘一二，亦引申觸類而可通，何爲而不用之？故謂時有例外焉則可，謂此例不足信憑則不可也。其所以牒經文首字者，正如宋本書之夾縫，每個牒書名之首一字，初不問其字之爲通爲僻能獨立不能獨立。如經說下第七條第七五條所牒之「不」字，第四三條所牒之「所」字，第三三條第四五條第五〇條第七四條所牒之「無」字，若非適用此例，則其字皆成贅疣。公謂『不應牒出最常用之字，』似非然也。

經上經說上之末數條，吾亦未敢深自信，且自覺有不安處。然於公之所釋，抑又不能無疑。第一：依尊說將原文六條合爲一條，共爲三十六字。墨經文極簡，經上尤甚。其長至十一字者僅兩條，餘皆十字以內；其文體純似幾何書之界說。如公所說，則此處忽爲說明的文體，與全書似不相應。第二：公所以將此六條合爲一條，其理由，謂因『原書短簡每行平均五六字，爲上行所隔開，誤分作六行，故不可讀。』墨子每簡若干字，今無可考。然漢書藝文志稱尚書脫簡或二十五字或二十二字；聘禮疏引鄭注云：『尚書三十字一簡；』今本禮記玉藻錯簡數處，或三十五字，或三十一字，或二十九字，或二十六字；汲冢穆傳則簡四十字；可見古籍蓋以每簡三十字內外爲中數。則此三十三字，斷無分爲六行之必要。卽合以上排之『化徵易也』至『動或從也』十九字，至多亦兩簡已足，何至分爲六簡。經下之『物之所以然與所以知之與所以使人知之不必同說在病』一條，亦已二十三字，然不聞分爲兩行或三行，致爲下排所間斷。（此條在經中爲最長、假定上下排必同簡、則此簡合下排之『無不必待有說在所謂』、共三十二字。）此外經下之上下兩排合二十餘字成行者甚多。卽經上之『窮或有前不容尺也』循所聞而得其意心之察也』一行，亦已共十九字。彼皆不聞以簡短間斷，則公所謂因每行平均五六字以致間隔者，恐不合事理。鄙意以爲今直行本上下排相間，應認爲經文每條界線之唯一標準。其今本文相連屬者，如經上之『知聞說親名實合爲』八字，應爲一經，或爲兩經，尙可以成問題；如經下之『物盡同名』至『說在因』三十一字應爲一經，或爲兩經三經，尙可以成問題。其餘兩排相間者，則條與句之斷連，不應更生問題。今於原文之『諾不一利用損偏去也服執說』將『損偏去也』四字抽出，而以『諾不一利用服』爲句；於原文之『法異則觀其宜動或從也止因以別道，』將『動或從也』四字抽出，而以『法異則觀其宜止』爲句。則經上發端，何不可以『故所得而後成也體』爲條爲句；經下發端，何不可以『止類以行人說在同異』爲條爲句？則經之系統且紊矣。（吾舊對於經下之『景不徙說在改爲住景二說在重』兩條、亦曾有異議、如公所擬斷合之例、今覺其非。）故公所持「六條合一」之說，吾始終不敢贊成。此亦治墨經方法之一種討論，願公更有以教之。

至公之詁此條，誠別有妙諦。但「六條合一」之說若不成立，則諦雖妙恐未必原書之意矣。若吾於『正五諾』以下三十五字疑爲複衍，細思亦覺其武斷。此蓋『正無非』經文之說，但未敢强解耳。

復次：吾謂此書有後人附加，公之所難，於吾原意似有未瑩。公謂：『……因爲研究這些書的人很少，故那些作僞書的人都不願意在這幾篇上玩把戲。』吾之讀墨經餘記固明云：『但附加者仍必出先秦人之手，且爲忠於墨學者之所爲；非如劉歆王肅輩有意竄改古籍。』質言之：則吾所疑附加之人非他，乃公孫龍桓團之流也。別人誠覺此書難解，研究者少，龍團之徒固不爾。其誦習之而有所案識增益，實意中事；此非可以與作僞者同科也。論語季氏篇末『邦君之妻……亦曰君夫人』共四十三字，與全書文義毫無關係，其必爲後人附加無疑；然其動機卻非在作僞。古書如此類者不少。（禮記王制玉藻諸篇皆有之。）吾所謂經說有附加者，乃研究之結果，而爲有意義的附加，固不容援此爲例；但以證明附加與作僞不同，不能以無作僞之故便斷爲無附加耳。要之吾觀察此書，與我公立腳點有根本不同之處。公奪此書於墨翟之手以予公孫龍桓團，謂此四篇與大取小取，皆戰國末年同時全部產出。其不認此後更有人附加宜也。吾則謂不惟六篇非同出一時同出一人，卽此四篇亦非同出一時同出一人。雖非同出一時同出一人，然卻是同出一派。百餘年間，時有增飾。故其思想雖同一系統，而微有演變。卽文體亦然。經說下與經說上文體繁簡不同，至易見；可以推定下篇較爲晚出。其上篇文體有類似下篇者，則吾疑爲晚出所附加，非其原本也。（如『欲離其指』一條、文體確與全篇不類。）故吾對於經說上疑爲附加者數處，對於經說下則甚少也。此問題與「大乘是否佛說」之爭頗相類：公奪此經以與公孫龍桓團，是猶謂大乘經典皆馬鳴龍樹輩創造，則無附加非附加之可言。我則謂大乘經典之根核，實出釋尊，而數百年間，遞有增益也。吾所謂附加者，其界說如是，願更察之。

大著新詁已精讀一過。雖意見不能盡同，然獨到處殊多可佩。其有不敢苟同者，輒簽注若干條，附繳。拙稿覆勘，所欲改者又已不少；牽於他業，輒復置之；卽以呈公之原稿付印。學問之道，愈研究則愈自感其不足。必欲爲躊躇滿志之著作乃以問世，必終其身不能成一書而已。有所見輒貢諸社會，自能引起討論。不問所見當否，而於世於己皆有益。故吾亦盼公之新詁，作速寫定；不必以名山之業太自矜慎，致同好者觖望也。

十年四月三日　啓超敬復

右書有關於治墨經方法之討論，故附錄於此。

啓超記

今本墨經（據涵芬樓四部叢刊影明嘉靖本）

經上第四十

故所得而後成也止以久也體分於兼也必不已也知材也平同高也慮求也同長以缶相盡也知接也中同長也恕明也厚有所大也仁體愛也日中缶南也義利也直參也禮敬也圜一中同長也行爲也方柱隅四讙也實榮也倍爲二也忠以爲利而强低也端體之無序而最前者也孝利親也有間中也信言合於意也間不及旁也佴自作也纑間虛也諳作嗛也盈莫不有也廉作非也堅白不相外也令不爲所作也攖相得也任士損已而益所爲也似有以相攖有不相攖也勇志之所以敢也次無間而不攖攖也力刑之所以奮也法所若而然也生刑與知處也佴所然也臥知無知也說所以明也夢臥而以爲然也攸不可

兩不可也平知無欲惡也辯爭攸也辯勝當也利所得而喜也爲窮知而縣於欲也害所得而惡也已成亡治求得也使謂故譽明美也名達類私誹明惡也謂移舉加舉擬實也知聞說親名實合爲言出舉也聞博親且且言然也見體盡君臣萌通約也合缶宜必功利民也欲缶權利且惡缶權害賞上報下之功也爲存亡易蕩治化罪犯禁也同重體合類罰上報下之罪也異二體不合不類同異而俱於之一也同異交得放有無久彌異時也守彌異所也聞耳之聽也窮或有前不容尺也循所聞而得其意心也察也盡莫不然也言口之利也始當時也執所言而意得見心之辯也化徵易也諾不一利用損偏去也服執說音利巧轉則求其故大益儇秪秖法同則觀其同庫易也法異則觀其宜動或從也止因以別道讀此書旁行缶無非

經下第四十一

止類以行人說在同所存與者於存與孰存駟異說推類之難說在之大小五行毋常勝說在宜物盡同名二與鬬愛食與招白與視麗與夫與履一偏棄之謂而固是也說在因不可偏去而二說在見與俱一與二廣與循無欲惡之爲益損也說在宜不能而不害說在害損而不害說在餘異類不吡說在量知而不以五路說在久偏去莫加少說在故必熱說在頓假必誖說在不然知其所以不知說在以名取物之所以然與所以知之與所以使人知之不必同說在病無不必待有說在所謂疑說在逢循遇過擢慮不疑說在有無合與一或復否說在拒且然不可正而不害用工說在宜歐物一體也說在俱一惟是均之絕不說在所均宇或從說在長宇久堯之義也生於今而處於古而異時說在所義二臨鑑而立景到多而若少說在寡區狗犬也而殺狗非殺犬也可說在重鑑位量一小而易一大而缶說在中之外內使殷美說在使

鑑團景一不堅白說在荆之大其沈淺也說在具無久與宇堅白說在因以檻爲博於以爲無知也說在意在諸其所然未者然說在於是推之意未可知說在可用過仵景不從說在改爲一少於二而多於五說在建住景二說在重非半弗新則不動說在端景到在午有端與景長說在端可無也有之而不可去說在嘗然景迎日說在博缶而不可擔說在摶景之小大說在地缶遠近宇進無近說在敷天而必缶說在得行循以久說在先後貞而不撓說在勝一法者之相與也盡若方之相召也說在方契與枝板說在薄狂舉不可以知異說在有不可牛馬之非牛與可之同說在兼倚者不可正說在剃循此循此與彼此同說在異推之必往說在廢材唱和同患說在功買無貴說在仮其買聞所不知若所知則兩知之說在告賈宜則讎說在盡以言爲盡誖誖說在其言無說而懼說在弗心惟吾謂非名也則不可說在仮或過名也說在

實無窮不害兼說在盈否知知之否之足用也諄說在無以也不知其數而知其盡也說在明者謂辯無勝必不當說在辯不知其所處不害愛之說在喪子者無不讓也不可說在始仁義之爲外內也內說在仵顏於一有知焉有不知焉說在存學之益也說在誹者有指於二而不可逃說在以二絫誹之可否不以衆寡說在可非所知而弗能指說在春也逃臣狗犬貴者非誹者諄說在弗非知狗而自謂不知犬過也說在重物箕不甚說在若是通意後對說在不知其誰謂也取下以求上也說在澤是是與是同說在不州

經說上第四十二

故小故有之不必然無之必不然體也若有端大故有之必無然若見之成見也體若二之一尺之端也知材知也者所以知也而必知若明慮慮也者以其知有求也而不必得之若睨知知也者以其知過物而

能貌之若見恕恕也者以其知論物而其知之也著若明仁愛已者非
爲用已也不若愛馬著若明義志以天下爲芬而能能利之不必用禮
貴者公賤者名而俱有敬慢焉等異論也行所爲不善名行也所爲善
名巧也若爲盜實其志氣之見也使人如已不若金聲玉服忠不利弱
子亥足將入止容孝以親爲芬而能能利親不必得信不以其言之當
也使人視城得金佴與人遇人衆循諵爲是爲是之台彼也弗爲也廉
已惟爲之知其也䫌也所令非身弗行任爲身之所惡以成人之所急
勇以其敢於是也命之不以其不敢於彼也害之力重之謂下與重奮
也生楹之生商不可必也臥夢平惔然利得是而喜則是利也其害也
非是也害得是而惡則是害也其利也非是也治吾事治矣人有治南
北譽之必其行也其言之忻使人督之誹必其行也其言之忻譽告以
文名舉彼實也故言也者諸口能之出民者也民若畫俿也言也謂言

猶石致也且自前曰且自後曰已方然亦且若石者也君以若名者也功不待時若衣裘功不待時若衣裘賞罪不在禁惟害無罪殆姑上報下之功也罰上報下之罪也倜二人而俱見是楹也若事君今久古今且莫宇東西家南北窮或不容尺有窮莫不容尺無窮也盡但止動始時或有久或無久始當無久化若鼃爲鶉損偏也者兼之禮也其體或去存謂其存者損儇昫民也庫區穴若斯貌常動偏祭從者戶樞免瑟止無久之不止當牛非馬若夫過楹有久之不止當馬非馬若人過梁必謂臺執者也若弟兄一然者一不然者必不必也是非必也同捷與狂之同長也心中自是往相若也厚惟無所大圜規寫攴也方矩見攴也倍二尺與尺但去一端是無同也有聞謂夾之者也聞謂夾者也尺前於區穴而後於端不夾於端與區內及及非齊之及也纑虛也者兩木之間謂其無木者也盈無盈無厚於尺無所往而不得得二堅異處

不相盈相非是相外也攖尺與尺俱不盡端無端但盡尺與或盡或不盡堅白之攖相盡體攖不相盡端仳兩有端而后可次無厚而厚可法意規員三也俱可以爲法佴然也者民若法也彼凡牛樞非牛兩也無以非也辯或謂之牛或謂之非牛是爭彼也是不俱當不俱當必或不當不若當犬爲欲雞其指智不知其害是智之罪也若智之慎文也無遺於其害也而猶欲雞之則離之是猶食脯也騷之利害未知也欲而騷是不以所疑止所欲也廧外之利害未可知也趨之而得力則弗趨也是以所疑止所欲也觀爲窮知而縣於欲之理雞脯而非恕也雞指而非愚也所爲與不所與爲相疑也非謀也已爲衣成也治病亡也使令謂謂也不必成濕故也必待所爲之成也名物達也有實必待文多也命之馬類也若實也者必以是名也命之臧私也是名也止於是實也聲出口俱有名若姓宇灑謂狗犬命也狗犬舉也叱狗加也知傳受

之聞也方不庫說也身觀焉親也所以謂名也所謂實也名實耦合也志行爲也聞或告之傳也身觀焉親也見時者體也二者盡也古兵立反中志工正也臧之爲宜也非彼必不有必也聖者用而勿必必也者可勿疑仗者兩而勿偏爲早臺存也病亡也買鬻易也霄盡蕩也順長治也鼃買化也同二名一實重同也不外於兼體同也俱處於室合同也有以同類同也異二必異二也不連屬不體也不同所不合也不有同不類也同異交得於福家良恕有無也比度多少也免蚓還園去就也鳥折用桐堅柔也劍尤早死生也處室子子母長少也兩絕勝白黑也中央旁也論行行行學實是非也難宿成未也兄弟俱適也身處志往存亡也霍爲姓故也賈宜貴賤也諾超城員止也相從相去先知是可五色長短前後輕重援執服難成言務成之九則求執之法法取同觀巧傳法取此擇彼問故觀宜以人之有黑者有不黑者也止黑人與

以有愛於人有不愛於人心愛人是孰宜心彼舉然者以爲此其然也則舉不然者而問之若聖人有非而不非正五諸皆人於知有說過五諸若員無直無說用五諸若自然矣

經說下第四十三

止彼以此其然也說是其然也我以此其不然也疑是其然也謂四足獸與生鳥與物盡與大小也此然是必然則俱爲麋同名俱鬭不俱二三與鬭也包肝肺子愛也橘茅食與抬也白馬多白視馬不多視白與視也爲麗不必麗不必麗與暴也爲非以人是不爲非若爲夫勇不爲夫爲屨以買衣爲屨夫與屨也二與一亡不與一在偏去未有文實也而後謂之無文實也則無謂也不若敷與美謂是則是固美也謂也則是非美無謂則報也見不見離一二不相盈廣循堅白舉不重不與箴非力之任也爲握者之頗倍非智之任也若耳目異木與夜孰長智與

粟孰多爵親行賈四者孰貴麋與霍孰高麋與霍孰霍蝨與瑟孰瑟偏
俱一無變假假必非也而後假狗假霍也猶氏霍也物或傷之然也見
之智也吉之使智也疑蓬爲務則士爲牛廬者夏寒蓬也舉之則輕廢
之則重非有力也沛從削非巧也若石羽楯也鬬者之敝也以飲酒若
以日中是不可智也愚也智與以已爲然也與愚也俱俱一若牛馬四
足惟是當牛馬數牛數馬則牛馬二數牛馬則牛馬一若數指指五而
五一長宇徙而有處宇宇南北在且有在莫宇徙久無堅得白必相盈
也在堯善治自今在諸古也自古在之今則堯不能治也景光至景亡
若在盡古息景二光夾一光一光者景也景光之人煦若射下者之人
也高高者之人也下足蔽下光故成景於止首蔽上光故成景於下在
遠近有端與於光故景庫內也景日之光反燭人則景在日與人之間
景木杝景短大木正景長小大小於木則景大於木非獨小也遠近臨

正鑒景寡貌能白黑遠近杝正異於光鑒景當俱就去尒當俱俱用北
鑒者之臭於鑒無所不鑒景之臭無數而必過正故同處其體俱然鑒
分鑒中之內鑒者近中則所鑒大景亦大遠中則所鑒小景亦小而必
正起於中緣正而長其直也中之外鑒者近中則所鑒大景亦大遠中
則所鑒小景亦小而必易合於而長其直也鑒鑒者近則所鑒大景亦
大亦遠所鑒小景亦小而必正景過正故招負衡木如重焉而不撓極
勝重也右校交繩無加焉而撓極不勝重也衡加重於其一旁必捶權
重相若也相衡則本短標長兩加焉重相若則標必下標得權也挈有
力也引無力也不心所挈之止於施也繩制挈之也若以錐刺之挈長
重者下短輕者上上者愈得下下者愈亡繩直權重相若則心矣收上
者愈喪下者愈得上者權重盡則遂挈兩輪高兩輪爲輲車梯也重其
前弦其前載弦其前載弦其軲而縣重於其前是埆挈且挈則行凡重

上弗挈下弗收旁弗劫則下直扡或害之也㳬梯者不得㳬直也今也
廢尺於平地重不下無䠙也若夫繩之引軲也是猶自舟中引橫也倚
倍拒堅䠆倚焉則不正誰并石絫石耳夾寢者法也方石去地尺關石
於其下縣絲於其上使適至方石不下柱也膠絲去石挈也絲絕引也
未變而名易收也買刀糴相爲賈刀輕則糴不貴刀重則糴不易王刀
無變糴有變歲變糴則歲變刀若鬻子賈盡也者盡去其以不讎也其
所以不讎去則讎缶賈也宜不宜缶欲不欲若敗邦鬻室嫁子無子在
軍不必其死生聞戰亦不必其生前也不懼今也懼或知是之非此也
有知是之不在此也然而謂此南北過而以已爲然始也謂此南方故
今也謂此南方智論之非智無以也謂所謂非同也則異也同則或謂
之狗其或謂之犬也異則或謂之牛牛或謂之馬也俱無勝是不辯也
辯也者或謂之是或謂之非當者勝也無讓者酒未讓始也不可讓也

於石一也堅白二也而在石故有智焉有不智焉可有指子智是有智是吾所先舉重則子智是而不智吾所先舉也是一謂有智焉有不智焉也若智之則當指之智告我則我智之兼指之以二也衡指之參直之也若曰必獨指吾所舉毋舉吾所不舉則者固不能獨指所欲相不傳意若未校且其所智是也所不智是也則是智是之不智也惡得爲一謂而有智焉有不智焉所春也其執固不可指也逃臣不智其處狗犬不智其名也遺者巧弗能兩也智智狗重智犬則過不重則不過通問者曰子智䫻乎應之曰䫻何謂也彼曰䫻施則智之若不問䫻何謂徑應以弗智則過且應必應問之時若應長應有深淺天常中在兵人長所室堂所存也其子存者也據在者而問室堂惡可存也主室堂而問存者孰存也是一主存者以問所存一主所存以問存者五合水土火火離然火鑠金火多也金靡炭金多也合之府木木離木若識麋與

魚之數惟所利無欲惡傷生損壽說以少連是誰愛也嘗多粟或者欲
不有能傷也若酒之於人也且恕人利人愛也則惟恕弗治也損飽者
去餘適足不害能害飽若傷麋之無脾也且有損而后益智者若瘧病
之之於瘧也智以目見而目以火見而火不見惟以五路智久不當以
目見若以火見火謂火熱也非以火之熱我有若視曰智雜所智與所
不智而問之則必曰是所智也是所不智也取去俱能之是兩智之也
無若無焉則有之而后無無天陷則無之而無擢疑無謂也臧也今死
而春也得文文死也可且猶是也且且必然且已必已且用工而後已
者必用工後已均髮均縣輕而髮絕不均也均其絕也莫絕堯霍或以
名視人或以實視人舉友富商也是以名視人也指是臛也是以實視
人也堯之義也是聲也於今所義之實處於古若殆於城門與於臧也
狗狗犬也謂之殺犬可若兩膍使令使也我使我我不使亦使我殿戈

亦使殿不美亦使殿刜沉刜之貝也則沈淺非刜淺也若易五之一以楹之摶也見之其於意也不易先智意相也若楹輕於秋其於意也洋然叚椎錐俱事於履可用也成繪屨過椎與成椎過繪屨同過件也一五有一焉一有五焉十二焉非斱半進前取也前則中無爲半猶端也前後取則端中也斱必半毋與非半不可斱也可無也已給則當給不可無也久有窮無窮正九無所處而不中縣摶也傴宇不可偏舉字也進行者先敷近後敷遠行者行者必先近而後遠遠脩近脩也先後久也民行脩必以久也一方貌盡俱有法而異或木或石不害其方之相台也盡貌猶方也物俱然牛狂與馬惟異以牛有齒馬有尾說牛之非馬也不可是俱有不偏有偏無有曰之與馬不類用牛角馬無角是類不同也若舉牛有角馬無角以是爲類之不同也是狂舉也猶牛有齒馬有尾或不非牛而非牛也可則或非牛或牛而牛也可故曰牛馬非

牛也未可牛馬牛也未可則或可或不可而曰牛馬牛也未可亦不可且牛不二馬不二而牛馬二則牛不非牛馬不非馬而牛馬非牛非馬無難彼正名者彼此彼此可彼彼止於彼此此止於此彼此不可彼且此也彼此亦可彼此止於彼此若是而彼此也則彼亦且此此也唱無過無所周若粺和無過使也不得已唱而不和是不學也智少而不學必寡和而不唱是不教也智而不教功適息使人奪人衣罪或輕或重使人予人酒或厚或薄聞在外者所不知也或曰在室者之色若是其色是所不智若所智也猶白若黑也誰勝是若其色也若白者必白今也智其色之若白也故智其白也夫名以所明正所不智不以所不智疑所明若以尺度所不智長外親智也室中說智也以誖不可也出入之言可是不誖則是有可也之人之言不可以當必不審惟謂是霍可而猶之非夫霍也謂彼是是也不可謂者毋惟乎其謂彼猶惟乎其謂

則吾謂不行彼若不惟其謂則不行也無南者有窮則可盡無窮則不可盡有窮無窮未可智則可盡不可盡不可盡未可智人之盈之否未可智而必人之可盡不可盡亦未可智而必人之可盡愛也誖人若不盈先窮則人有窮也盡有窮無難盈無窮則無窮盡也盡有窮無難不二智其數惡智愛民之盡文也或者遺乎其問也盡問人則盡愛其所問若不智其數而智愛之盡文也無難仁仁愛也義利也愛利此也所愛所利彼也愛利不相爲內外所愛利亦不相爲外內其爲仁內也義外也舉愛與所利也是狂舉也若左目出右目入學也以爲不知學之無益也故告之也是使智學之無益也是教也以學爲無益也教誖論誹誹之可不可以理之可誹雖多誹其誹是也其理不可非雖少誹非也今也謂多誹者不可是猶以長論短不誹非已之誹也不非誹非可非也不可非也是不非誹也物甚長甚短莫長於是莫短於是是之是

也非是也者莫甚於是取高下以善不善爲度不若山澤處下善於處
上下所請上也不是是則是且是焉今是文於是而不於是故是不文
是不文則是而不文焉今是不文於是而文於是故文與是不文同說
也

經上旁行原本

故所得而後成也
體分於兼也
知材也
慮求也
知接也
恕明也
仁體愛也
義利也
禮敬也
行爲也
實榮也

止以久也
必不已也
平同高也
同【長】以正相盡也
中同長也
厚有所大也
日中正南也（無說）
直參也（無說）
圜一中同長也
方柱隅四雜（舊作讙）也
倍爲二也

忠以爲利而強君（舊作低）也

孝利親也

信言合於意也

佴自佌也

誚作嗛也

慊（舊作廉）怍（舊作作）非也

令不爲所作也

任士損己而益所爲也

勇志之所以敢也

力形（舊作刑）之所以奮也

端體之無厚（舊作序）而最前者也

有間中也

間不及旁也

纑間虛也

盈莫不有也

堅【白不】相外也

攖相得也

仳（舊作似）有【以】相攖有不相攖也

次無間而不相攖也

法所若而然也

生形（舊作刑）與知處也
臥知無知也
夢臥而以爲然也
平知無欲惡也
利所得而喜也
害所得而惡也
治求得也
譽明善也
誹明惡也
舉擬實也
言出舉也
且言然也

侔（舊作佴）所然也
說所以明也（無說）
彼不可兩【不可】也
辯爭彼也辯勝當也
爲窮知而儫於欲也
已成亡
使謂故
名達類私
謂命（舊作移）舉加
知聞說親名實合爲
聞傳親
見體盡

君臣萌通約也

功利民也

賞上報下之功也

罪犯禁也

罰上報下之罪也

久彌異時也　舊本『同異而俱於之一也』條在此處。而將此條與下條併爲一條。案上文功罪賞罰等皆兩義對擧各自爲條。則久與宇不應同在一條。此因將下行之經錯占上行。遂將此條擠併下條耳。今以意校正。

【久彌異時也】宇彌異所也

窮或有前不容尺也

盡莫不然也

合正宜必

欲正權利【且】惡正權害

爲存亡易蕩治化

同重體合類

異二不體不合不類

同異而俱於之一也　此條舊本錯在上行。案前兩條及下條皆言同異、此條正應在此處。但經說之文亦排在上行、知其錯置在極古時矣。

同異交得知　舊作放　有無

聞耳之聰也

循所聞而得其意心之察

始當時也

化徵易也

損偏去也

大益儇稘秪

摩（舊作庫）易也

動或徙（舊作從）也

讀此書旁行

經下旁行原本

言口之利也（舊本有『諸不一利用』一條。即此條之複衍而又譌字也。）

執所言而意得見心之察也（舊本有『服執說音利』『巧轉則求其故』兩條、恰十一字。即此條之複衍而又譌字也。）

法同則觀其同

法異則觀其宜

正（舊作止）因以別道

正無非

正（舊作止）類以行之（舊作人）說
在同
推類之難說在【之】大小
物盡同名二與鬬愛食與
招白與視麗與暴（舊脫）夫
與履
一偏棄之
謂【而】因（舊作固）是也說在因
不可偏去而二說在【見與
俱】一與二見廣與脩（舊作循）
俱
不能而不害說在害

所存與存（舊脫）者於存與孰
存異說在主（舊脫二字）
五行無常勝說在宜
無欲惡之爲損益也說在
宜
損而不害說在餘

異類不吡說在量
偏去莫加少說在故
假必誖說在不然
物之所以然與所以知之與所以使人知之不必同說在病
疑說在逢循遇過
合與一或復否說在拒
物一體也說在俱一惟是
宇或徙說在長宇久

知而不以五路說在久
火舊作必熱說在頓
知其所以不知說在以名取
無不必待有說在所謂
擢慮不疑說在有無
且然不可正而不害用工說在宜歐
均之絕不說在所均
堯之義也生於今而處於

臨鑑而立景到多而若少

說在寡區（以下十二條與經說次第不同）

鑑位景一少而易一大而（疑有錯倒姑從舊本）

正說在中之外內

鑑團景一……

不堅白說在……

無久與宇堅白說在因

推（舊作在）諸其所然者於未

然者（舊作未者然）說在【於是】

古而異時說在所義

狗犬也而殺狗非殺犬也

可說在重

使殷美說在使

荆之大其沈淺也說在具

以檻爲摶於以爲無知也

說在意

推之
景不徙說在改爲住
景二說在重景到
在午有端與景長說在端
景迎日說在轉（舊作摶）
景之大小說在杝（舊作地）正
遠近
天?）（有誤）而必正說在得
貣（舊作貞）而不撓說在勝

一小於二而多於五說在
進（舊作建）
非半勿新則不動說在端
可無也有之而不可去說
在嘗然
正而不可搖（當作擔）說在摶
宇進無近說在敷
行脩以久說在先後
一法者之相與也盡若方
之相合也說在方

挈與收仮（舊作契與枝板）說在薄

倚者不可止（舊作正）說在梯

柱（舊作推）之必住（舊作往）說在廢材

買無貴說在仮其賈

賈宜則讎說在盡

無說而懼說在弗必（舊作心）

狂舉不可以知異說在有不可

牛馬之非牛其名不（舊作與可）之同說在兼

彼彼此此（舊作循此循此）與彼此同說在異

唱和同患說在功

聞所不知若所知則兩知之說在告

以言爲盡誖誖說在其言

唯吾謂非名也不可說在

或過名也說在實
知知之名（舊作否）之所（舊作足）以
用謂也（舊作也諄）說在無以
也
謂辯無勝必不當說在辯
無不讓也不可說在殆（舊作始）
於一有知焉有不知焉說
在存（？）（或當作在）
有指於二而不可逃說在

仮
無窮不害兼說在盈否
不知其數而知其盡也說
在問（舊作明）者
不知其所處不害愛之說
在喪子者（無說）
仁義之爲內外也非（舊作內）
說在仵（？）顏（有誤）
學之益也說在【誹】（疑涉下而衍）
告（舊作者）
誹之可否不以衆寡說在

以二參（舊作桼）

所知而弗能指說在【春也】

（二字疑衍）逃臣狗犬遺（舊作貴）

者

知狗而自謂不知犬過也

說在重

通意後對說在不知其誰

謂也

可誹

非誹者誖（舊作諄）說在弗非

物甚不甚說在若是

取下以求上也說在澤

是(?)是與是同說在不州(?)（有誤）

墨經校釋

新會梁啟超學

經上之上

經說上之上

一 經 故：所得而後成也。

說 故：小故：有之不必然，無之必不然。體也。若有端。大故：有之必【無】然。舊無字衍。若見之成見也。

校 「大故有之必無然：」孫詒讓云：疑當作「有之必然無之必不然。」啓超案：「無」字衍文，孫校删是也。「無之必不然」五字不必增，文義即此已足。「若見之成見也：」孫校改爲「若得之成是也，」非是。本文不誤，孫不得其解耳。

「體也若有端」五字，張惠言謂爲第二條之錯簡，孫從之。啓超案：張孫說非是，此文言小故爲大故之體，若尺之有端耳。

釋　說文『故：使爲之也。』加熱能使水蒸爲汽，加冷能使水凝爲冰。汽，得熱而成，冰，得冷而成也。故曰：『故：所得而後成也。』第七十七條經說云：『故也者，必待所爲之成也。』義與本條相發明。

此條論因果律，實論理學上最重要之問題也。「故」爲事物所以然之故，卽事物之原因。原因分爲兩種：總原因，謂之「大故；」分原因，謂之「小故。」例如見之所以能成見，其所需之故甚多。一：須有能見之眼；二：須有所見之物；三：須有傳光之媒介物；四：須眼與物之間莫爲之障；五：須心識注視此物。此五故者，僅有其一，未必能見；若缺其一，決不能見。故曰：『小故：有之不必然，無之必不然。』蓋小故者，分大故之一體也；其性質若尺之有端也。義詳次條。合諸小故，則成爲大故。得大故則事物成，故曰：『大故：有之必然。』例如前所舉五故同時輳會，則『見之成見』也。佛典唯識俱舍諸論，皆言眼識待八緣而生。可知『見之成見，』其故實繁。

大取篇云：『夫辭以故生，立辭而不明於其所生，妄也。』小取篇云：『以名舉實，以辭抒意，以說出故。』非攻下篇云：『子未察吾言之類，未明其故也。』彼諸文之「故，」即本條所謂「所得而後成」者也。孟子云：『天下之言性也，則故而已矣。』亦即此「故」字。

二 **經** 體：分於兼也。

說體：若二之一，尺之端也。

釋兼，指總體；體，指部分。部分由總體分出，故曰：『體分於兼。』參看第四六條。幾何公理謂：『全量大於其分，』『全量等於各分之和。』即其義也。

二者一之兼，一者二之體；尺者端之兼，端者尺之體也。凡墨經所謂「尺，」皆當幾何學之線；所謂「端，」當其點。參看第六、六一、六七諸條。『體若尺之端』者，謂點為線之一體。將一線分割之，可以得無數點，即『體分於兼』之義。兼愛篇多以兼與別對舉，別即體義。

三　經知：材也。

說知：【材】材字舊衍。知也者，所以知也。而不必知。不字舊脫。若眼。舊作明。

【校】舊本經說第一個知字下有材字，據本書通例，經說每條首一字皆牒舉經文首一字以爲標題，所牒者僅一字而止。則此文材字殆涉經文而衍。「而不必知」舊本作「而必知。」胡適據次條「而不必得」文例，校增一字，甚是。今從之。

「若眼」舊作「若明。」涉第六條而譌耳。此條言所以知之材，義與眼相當。眼字與明字，形近成譌。

【釋】本篇釋知字之義凡四條。本條論知識之本能；第五條論知識之過程；第六條論知識之成立；第六十條論求知識之方法。皆認識論中最有價值之文，宜比而觀之。

材者，本能也。孟子云：『非材之罪，』『不能盡其材，』與此同義。

此條言知識之第一要件，須有能知之官能。此官能，所恃以知也；然有之未必遂能知。例如目，所以見也；然有目未必卽見。

四

經　慮：求也。

說　慮：　慮也者，以其知有求也。而不必得之。若睨。

校　張氏以經說第一慮字屬上條，讀爲「若明慮，」以第五條首一字屬此條，讀爲「若睨知。」以第六條首一字屬第六條，讀爲「若見恕。」皆由未知經說首字必爲牒經標題之文也，孫氏已校正。

釋　思慮者，根據知識以求眞理也。但求未必遂得。例如睨而視物，其視雖比泛視爲精細，然能見其眞與否，究未敢定。本書大取篇云：『利愛生於慮。昔者之慮，非今日之慮也。』荀子正名篇云：『情然而心爲之擇謂之慮。』大學云：『慮而後能得。』皆與本條相發明。

五

經 知：接也。

說 知：知也者，以其知遇（舊作過。）物而能貌之。若見。

校 遇字舊作過。孫云：疑當爲遇，與經文接同義，啓超案：孫說可通，但仍原文亦得。

釋 此條言知識之第二要件，須藉感覺。接者，感受也。卽佛典「受想行識」之「受」。貌，狀態也。貌之，攝其狀態以成印象也。以其「所以知」之「知材」與外界之事物相遇，而能攝取其印象，謂之知。例如以目接物而成見；物之象，印於吾目矣。

六

經 恕：（今本作恕，今從顧校。）明也。

說 恕：恕也者，以其知論物而其知之也著。若明。

校 三「恕」字舊本皆作「恕」。道藏本經文作恕，經說文仍作恕。今校正。

恕字不見字書，疑當爲智字之古文。非攻中篇云：『此所恕者之道也，』恕者卽智者。

釋此條言知識之第三要件，須將所知者加以組織，成一明確之觀念。釋名『論，倫也；有倫理也。』僅「遇物而能貌之，」猶不足以爲知識。例如照相機，所得印象雖甚眞，不能謂有知識也。必須將感覺所得之「知，」分類比較，有倫有脊，令此印象成爲一觀念，了然於胸中；則是『以其知論物而其知之也著』也。小取篇云：『論求羣言之比，』卽是此論字。知之旣著，則如目之見明，與瞽者所見唯暗，異矣。故曰若明。荀子正名篇云：『所以知之在人者謂之知，知有所合謂之智。』知之在人者，卽第三條所謂『所以知』也。知者所合，卽本條所謂『以其知論物』也。

以上第一條第三四五六條，皆以見性舉例爲喻。佛典多如此。

七

經 仁：體愛也。

說 仁：愛己者，非爲用己也。不若愛馬者。【若明】者字（舊譌作著。若明二字舊衍。）

校 舊本馬字下有「著若明」三字，孫云：疑著當爲者，屬上讀，涉上條而誤作著，並衍若明二字，啓超案：孫說是也。

釋 仁者『相人偶』之謂。（見禮記鄭注。）箇人爲人類之一體，體分於兼；人之愛人，若手足之捍頭目也。此體愛之義。愛己者非爲用己也，愛馬者爲用馬也。因其足供吾利用也然後愛之，則是以愛爲手段也。墨家之言仁也不然。因人與我同出於一體，故愛人如愛己。愛己非爲用己，則愛人亦非爲用人明矣。大取篇云：『愛人不外己，己在所愛之中。』與本條相發明。

八

經義：利也。

說義：志以天下爲愛，舊作芬。而能能利之，孫云：漢書百官公卿表顏注云：『能善也』、能能利之、言能善利之也。不必周。舊作用。

校「愛」舊作「芬，」義難通。孫云：疑當爲㤅之誤，芬篆文作岎，與㤅形近。啓超案：孫說近是。

「周」舊作「用。」孫釋云：言不必人之用其義。啓超案：孫氏所釋，乃根據「正其誼不謀其利」之觀念，與經文「義利也」之旨不合。疑當作「周，」損泐成譌耳。

釋儒家言多以義利爲對待名詞，一若義與利性質不相容。

獨易文言謂：『利者義之和，』言利與義有關係。此經直以利訓義，是墨家根本精神。墨子恆言：『兼相愛交相利；』兼相愛，仁也；交相利，義也。兼愛篇云：『焉有善而不可用者，』墨子之意，能適用即是善，不適用則非善；有利則義；不利等於不義。此近世歐美實用主義之精神也。

周，偏也。仁以「周愛」爲鵠，故言兼相愛；義不必以「周利」爲鵠，故言交相利。小取篇云：『愛人待周愛人而後爲愛人，……乘馬不待周乘馬然後爲乘馬，……此一周而一不周也。』義者，其志務欲「能善利人」而已。利之所及，勢固不能周偏，抑亦不必周偏也。故言愛以兼爲尚，言利以交爲尚。

九

經禮：敬也。

說禮：貴者公(?)賤者名(?)而俱有敬僈焉。等，異倫也。

作倫舊作論。

校「公」字「名」字疑有譌。張云：『公君也，名當作民。』孫云：『言賤者稱貴者爲公而自名，』義皆未安。但應作何字無從臆校。

「倫」舊作「論」。張云：當讀爲倫。

釋言禮以敬慢爲標準，而敬慢並不繫所遇者之貴賤。貴賤不過倫理上等差之名詞耳。

一〇經行：爲也。

說行：所爲不善名，行也。所爲善名，巧也。若爲盜。

校孫云：巧疑當作竊。竊俗書作窃，下半與巧相似。啓超案：孫說近是，但「善名」二字有誤否，仍未敢斷。

釋張云：善名，求善其名也。所爲求善名，其巧如爲盜。畢沅云：言所爲之事無善名，是躬行也。有善名，是巧於盜名也。

一一 經 實：榮也。

說 實：其志氣之見也，使之（舊作人。）如己。不若金聲玉服。

校 「使之」舊作「使人」，疑因形近而譌，今以意校改。「不若」之「不」字，孫云：疑衍。啓超案：孫說非也。

釋 志氣二字，不甚得其解，不審有誤否。己，如莊子「使其自己」之己。謂實也者，志氣所表現，當使之恰如自己之本來面目也。金聲玉服，則徒飾其外，與實之義相反。

一二 經 忠：以爲利而強君（舊作低。）也。

說 忠：不利弱子亥足將入止容。

校 君，今本作低。孫云：君與氏篆書相似，因而致誤，氏誤爲氐，氐復誤爲低耳。經說文譌舛太多，無從校釋。弱字必與經文之強字有關。入止容，或當爲不必容，與次條不必得對文。但未敢武斷。

一三【經】孝：利親也。

【說】孝：以親爲愛（舊作芬。）而能能利親。不必得。

【校】愛舊作芬。校語詳第八條。

【釋】言忠孝皆以利爲標準，是墨家功利主義根本精神。大取篇云：『知親之一利，未爲孝也。』能善利親，必盡知所以利者而權其輕重也。

一四【經】信：言合於意也。

【說】信：必（舊作不。）以其言之當也。使人視，誠（舊作城、）得金。

【校】「必」舊作「不，」孫云：當作「必。」甚是。

「誠」舊作「城。」孫以城上有金釋之，張謂使人視之如城得之如金。啓超案：皆非是。誠字偏旁譌爲城耳。

【釋】意當讀如『億則屢中』『不億不信』之億。經下云：『意，未可知。』即是此義。看經下五八條。言合於億，謂所億度者不謬也。告人以某處有金，視而果得之，即合於億也。

儒家言道德，多重動機；墨家言道德，多重結果。故儒家言忠孝，忠孝之心誠發於內斯足矣。墨家則必須忠孝之結果能利其君親。儒家言信，但不欺其志足矣。張氏即以此解『言合於意』，誤也。墨家則謂所言必合於事實，乃得爲信。故墨家道德之實踐，與智識問題有密切關係。

一五【經】佴：舊作「佴」。自仳也。「仳」舊作「作」。

【說】佴：與人遇，人衆（？）愊。

【校】本經釋佴字者凡兩條，竊疑皆侔字之譌。小取篇云：『侔也者，比辭而俱行也。』此經「自侂，」卽是此意。說疑有譌脫，不敢強解。「自侂」舊作「自作。」孫云：涉下三條之作字而譌。經說之「遇」字或當作「偶，」卽相人偶之意，但「衆循」兩字仍不可解。

一六經　狷：舊作謂。作嗛也。

說　狷：爲是【爲是】舊二字衍。之詒舊作台。彼也，弗爲也。

校　謂字不見字書，孫云：狷字之假借，今從之。「爲是」二字重衍，從孫校删。台讀爲詒，從顧千里說。

釋　孫云：國策魏策高注云：『嗛，快也。』言狷者潔己，心自快足。又云：說文言部云：『詒，相欺詒也。』謂狷者不爲欺人之言。

一七經　慊：舊作廉。作舊作作。非也。

說慊：己雖（舊作惟。）爲之，知其諰（舊作䛝。）也。

校廉當作慊，惟當作雖，䛝當作諰，並從孫校。經文舊作『作非也，』以經說意釋之，「作」當爲「怍，」涉上條而譌其偏旁耳。

釋孫云：禮記坊記注云：『慊，恨不滿之貌。』「作非」謂所爲不必無非。啓超案：孫校慊字甚是。但據經說所釋，則「作」疑當爲「怍，」謂自慚怍其所爲之非也。荀子楊注云：『諰，懼也。』即葸之借字。

一八 **經**令：不爲所作也。

說【所】令：非身所（舊作弗。）行。

校舊本作『所令非身弗行。』孫校謂弗當爲所，是矣。但以「所令」連讀爲句，仍誤，本書之例，凡說皆牒舉經之一字爲標題。此文令字本爲標題，傳寫者誤將下文所字移冠其首，又妄改原文所字爲弗耳。今悉校改。

一九 經 任：士損己而益所爲也。（爲讀去聲。）

說 任：爲身之所惡，以成人之所急。

釋 莊子天下篇論墨子，謂：『以繩墨自矯而備世之急。』孟子論墨子，謂：『摩頂放踵利天下爲之。』卽本條之所謂任也。

二〇 經 勇：志之所以敢也。

說 勇：以其敢於是也，命之；不以其不敢於彼也，害之。

釋 命，猶名也。言因敢得勇名。人有敢亦有不敢；就其敢於此，卽命曰勇；雖不敢於彼，仍不害其爲勇也。例如不敢擅殺人，於勇何害。

二一 經 力：形（舊作刑。）之所以奮也。

說力：重之謂。下舉（舊作與。）重，奮也。

校形舊作刑。畢云：同形。啓超案：是也。古書刑形二字通用甚多。下條同。舉舊作與，從孫校改。但孫以「重之謂下」四字爲句，非是。

釋形之所以奮在力，深合物理。奮，動也。物質恆動不已以成衆形。

三二經生：形（舊作刑。）與知處也。

說生：形（舊作楹。）之生，常（舊作商。）不可必也。

校楹當作形，商當作常，並從孫校。

釋形骸與知識合并同居，斯名有生之物。二者離則非生，故生常不可必也。此與佛說無常義頗相合。

三三經臥：知無知也。

說臥：

是。

校 此兩條經說皆有題無釋，當有脫文。張氏將兩條合爲一，謂以夢釋臥，非是。

釋 上知字爲「知材也」之知；下知字爲「知接也」之知。

二四 經 夢：臥而以爲然也。

說 夢：

釋 夢者，知無知而自以爲有知也。

此諸條皆屬心理學範圍。雖無特別奧義，而界說甚精確。

二五 經 平：知無欲惡也。

說 平：惔然。

釋 此即中庸所謂：『喜怒哀樂之未發謂之中。』其實此亦不過心理現象之一種，並無特別可貴處。墨家不從此間討生活。

二六 **經** 利：所得而喜也。

說 利：得是而喜，則是利也。其害也，非是也。

二七 **經** 害：所得而惡也。

說 害：得是而惡，則是害也。其利也，非是也。

二八 **經** 治：求得也。

說 治：吾事治矣。人治在利害。（舊作有南北。）

校 今本作人治有南北。舊注強爲之解，皆不可通。疑南字與害字，北字與利字，篆書形略相近；或因此致譌，而寫者更以意顛倒之也。在字譌作有，亦因形近。張氏以末五字屬下條，大謬。

釋 『慮，求也。而不必得。』（見第四條。）求而得之，斯爲治矣。所求者何？所得者何？人求利不求害；得者，得「所得而喜」之「利」也。故曰：『人治在利害。』（此條校釋、破字太多，未敢自信。）

墨家以利害爲善惡之標準；言道德皆推本於人情之欲惡；而教人以求得所欲。使道德與生活問題益加密切，與近世學風極相近。觀此數條可見。

二九【經】譽：明美也。

【說】譽：譽之。舊脫一譽字。必其行也。其言之使人忻。【督之】

【校】經說舊本脫一譽字，依文例當有之，今校補。舊本作『其言之忻，使人督之。』「使人督之」四字，孫以屬本條，張以屬下條。啓超案：皆非也。「使人」二字當在「忻」字上。「督之」二字當屬下條。

【釋】譽者，表示吾之美之也。譽之使行善者益自信，故曰：『必其行。』第八十三條云：『必也者可勿疑，』是其義也。凡譽之言，使人聞而忻。

三〇經誹：明惡也。惡去聲。

說誹：督之。舊本此二字在誹字之上。非舊作必。其行也。其言之使人此二字舊脫。怍。舊作忻。

校督之二字，舊在誹字上。故孫以屬前條，張則並前條使人兩字亦屬本條。皆非是，此「督之」與前條「譽之」文正相對。舊本誹字下作『必其行也其言之忻。』與前條全同，不易一字。啓超案：譽誹義相反，不應用同文爲釋，此必涉前條而譌。應作『非其行也，其言之使人怍。』非與必，怍與忻，皆形近成譌。

釋誹者，表示吾之惡之也。誹，所以督責之，使爲惡者有所慚怍以止其行。

經下云：『非誹者諄，說在弗非。』說云：『非之，誹也。』看經下第也，七十八條。卽此文『非其行也』之義。本經第十七條『慊怍非也』卽此文「使怍」之義。墨家以「誹」爲辨別真理之重要作用，謂若以人所行爲非，則當以「誹」督之。不如是無以明是非也。故非樂非命，常採嚴正的攻擊態度。

三一 經 舉：擬實也。

說 舉：告以之舊作文。名舉彼實也。

校 之舊作文，從孫校改。本書中之字譌爲文者甚多。之卽是也。言以是名舉彼實。

釋 擬實者，模擬其實相也。小取篇云：『以名舉實。』經說上云：『所以謂，名也，所謂，實也。』八一條。以此名舉彼實者，例如云：『此人是聖人』或云：『墨子是聖人。』「此人」「墨子，」皆所謂也；實也。「聖人」所以謂也；名也。「實，」卽主詞；「

名」即表詞。

三二 **經** 言：出舉也。

說【故】言：(故字舊衍。)言也者，(舊作「也者諸。」)口態(舊作能。)之出名者也。(舊作民、下同。)名若畫虎(舊作俿。)也。言，謂也。(舊作也謂。)言，由(舊作猶、猶與由通。)名(舊作石。)致也。

校 舊本云：『故言也者諸口能之出民者也民若畫俿也言也謂言猶石致也。』孫謂兩民字一石字皆名字之譌，畢謂俿字爲虎字異文，皆甚是；今從之。但文義仍不可解。今案：以經說首字必爲牒經標題之例校之，「故」字當爲衍文；「言」字即牒經之文也。此下當疊一「言」字。傳寫者不明此例，妄將「言者」兩字合爲一「諸」字，又錯倒之耳。「能」字當爲「態」字之譌。經說下第二十五條，「貌態黑白，」今本亦譌作「貌能。」「謂也」二字錯倒也。

釋「出舉」者，「舉」即前條所訓之「擬實。」小取篇云：「以說出故，」書秦誓云：「不啻若自其口出。」欲以名舉實，必須用言語以表示所舉者。故曰：「言，出舉也。」以口之姿態表出所欲舉之名，謂之言。凡實可指，凡名不可指。實者，如虎；有虎於此，吾得指之以示意，雖無言可耳。名者，如畫虎；不過一種概念。非以言表而出之，則人莫喩吾所指也。例如吾言：「此書謂之墨經，」「此書」二字，實也；雖不出諸口亦可，以手指此書足矣。「墨經」二字，名也；非以口態出之則不可矣。何以故？「言，謂也。」「名，所以謂也。」故言由名而生也。

三三經且：言然也。

此條論語言之起原，最爲精到。亦卽論理學之根本觀念。

說 且：自前曰且，自後曰已，方然亦且。【若石者也】四字舊衍。

校 「若石者也」四字，俞樾云：涉下條「若名者也」而衍，又誤名爲石耳。啓超案：俞說是。

釋 此論語法中過去現在將來之用字。「且」字從事前言之，臨事言之，皆可用。惟自後言之，則爲「已然」，與且義相反也。小取云：『且入井，非入井也。止且入井，止入井也。』卽釋此條。

三四 經 君：臣萌同氓。通約也。

說 君：以若（？）名者也。若疑當作約，音近而譌。

釋 尙同中云：『明夫民之無正長……而天下亂也，是故選擇天下賢良立以爲天子。……天子既已立矣，……選擇天下賢良置以爲三公……諸侯……遠至乎鄉里之長。……』言國家之起原，由於人民相約置君，君乃命臣。與西方近世民約說頗相類。

三五 經 功：利民也。

說 功：必（舊作不。）待時。若衣裘。【功不待時若衣裘】

校 必字從孫校改。舊本經說七字重出，從畢校删。

釋 利民乃得名功。利君只謂之忠，不謂之功也。看第十二條。不適時則不爲功；例如裘之衣唯冬乃利也。

三六 經 賞：上報下之功也。

說 賞：（舊錯入下條。）上報下之功也。

校 賞字乃本條牒經標題之文。舊本錯在下條「罪不在禁」上，今從孫校移補。

三七 【經】罪：犯禁也。

【說】【賞】（此字錯簡衍。）罪：不在禁。雖（舊作惟。）害無罪。若殆。（舊作殆姑。）

【校】舊本作『惟害無罪殆姑，』孫氏不得其解，乃謂殆與逮通，姑與辜通，釋爲『罪不必犯禁，惟害無罪則及罪。』此說殊謬。經文明云：『罪犯禁也，』安得云罪不必犯禁。且安有法令而不禁害無罪者。「罪」字乃牒經標題，此經說通例。孫氏於此例未瞭，往往將標題之字連下成句，遂多不可通；此條亦其一也。「雖」字誤爲「惟，」篇中甚多；經孫校正者亦不少。今校作『雖害無罪，若殆。』全文了然。「若殆」譌爲「殆姑」者，殆形近譌爲姑。校者或將原字注於上，遂疊一殆字。再校者或又因殆若形近，逕改若爲殆耳。

【釋】犯禁謂之罪；事苟不在禁令中，雖妨害人亦無罰。例如「

殆。」「殆」者何？行路相擠也。經下云：『無不讓也，不可。說在殆。』說云：『若殆於城門。』第三十七條。荀子榮辱篇云：『巨涂則讓，小涂則殆。』是其義也。「殆」雖妨害他人，然非法所禁，不能加罰也。

三八 經 罰：上報下之罪也。

說 罰：上報下之罪也。

釋 本條與第三十六條，說與經文全同，是篇中異例。

三九 經 同：異而俱於之一也。之，訓此。

說 侗：疑當作同。二【人】而俱【見】是相盈舊本此二字合爲一字，作「楹」。也。若事(？)君。

校 舊本作『二人而俱見是楹也，』張云：『一楹也，二人俱見，俱謂之楹，是同也。』義殊膚淺。孫破「楹」作「形，」亦未得其解。今據六五六六兩條，校楹字當爲相盈二字分寫之譌。人字疑涉上人旁而衍，見字疑涉下是字形近而衍。或作『二而俱於一，』文義更瞭。但事君二字不可解，疑有誤。

釋　取彼之異者而俱之於此之一，斯謂同。例如孔子，墨子，異也；而俱爲人，一也。堅，白，二也；而俱爲石性所含，一也。二何以能俱？以其相盈也。相盈義見第六五六六條。物之同相有四。見第八七條。疑此條當在第八八條之下、未敢擅移。

四〇**經**　久：彌異時也。

說　久：合（舊作今、在久字上。）古今旦（舊作且。）莫。

校　舊作『今久古今且莫。』張以今字屬上條，王引之謂今字屬下而衍。皆非是。此從胡校。且字張校作旦，是也。

四一**經**　字：（舊作守。）彌異所也。

說　宇：冡（古蒙字、舊作家、在西字下。）東西【家】南北。

【校】經文「宇」字，舊譌作「守。」王據經說校正，甚是。經說舊作「東西家南北。」顧王校皆謂家字爲衍文，孫校謂以家所處爲中，並誤。胡校以蒙東西南北與合古今旦暮對舉成文，甚是。

此兩條舊本併爲一條。啓超案：前文『利所得而喜也害所得而惡也。』『譽明美也誹明惡也，』『賞上報下之功也，』『罰上報下之罪也，』皆兩義對舉，分爲兩條；此處亦應爾。竊疑第三十九條本應在下行，不知何時錯入上行，遂將此兩條擠併爲一耳。因此遂生下行衍文兩條，說詳旁行表。

【釋】此兩條言「異而俱之於一」之兩種重要關鍵。一曰「久，」則時間觀念也。二曰「宇，」則空間觀念也。「彌，」周偏也。即上條相盈之義。古今旦暮雖異。合而俱之於一，則「久」之觀念成。東西南北雖異，蒙而俱之於一，則「宇」之觀念成。有此兩種觀念，然後知識得有聯絡。

經上第四四條第五〇條經下第一六條第四七條第六三條，皆釋「久」義。經下第一五條第一六條第六二條，皆釋「宇」義。當參讀。

四二 **經** 窮：或有前不容尺也。

說 窮：或不容尺，有窮。莫不容尺，無窮也。

釋 「或」卽「域」之本字，謂區域也。尺卽線。空間區域極於邊際，其前更不容一線，可謂有窮矣。然線可以析至極微，與邊際之線鄰者，仍線也，與其鄰鄰者，又仍線也；是莫不容尺也，可謂無窮矣。莊子天下篇述惠施說：「南方無窮而有窮，」卽是此意。

四三 **經** 盡：莫不然也。

說 盡：但止動。

釋 盡，全稱也。如言「凡人皆必死，」則主詞表詞兩皆盡也。故曰：「莫不然。」動相全止，卽圓成之義。故說以此爲釋。

四四 經 始：當時也。

說 始：時，或有久，或無久。始，當無久。

釋 常人所謂時間的觀念，墨經不謂之時而謂之久。墨經所謂時，乃兼有久無久兩者而言。有久之時，人所易明。如萬年千年一年一月一日一時一刻一分一秒皆是也。無久之時，則非常識可見。將時間析至極微極微，終不能不謂之時。例如菩薩處胎經云：「一剎那翻爲一念，一百二十剎那爲一怛剎，翻爲一瞬，六十怛剎爲一息，……一日夜計有六百三十八萬剎那。」此時也，若云有間，則尚可析；若不可析，則謂之無久也。所謂始者，則與此無久之時相當也。莊子庚桑楚篇云：「有長而無本剽者宙也。」有長卽有久之義，無本剽卽無久之義。

四五 經 化：徵易也。

說 化：若鼃爲鶉。

釋 徵，驗也。謂驗其變易。荀子正名篇云：「狀變而實無易而爲異者，謂之化。有化而無別，謂之一實。」即徵易之義。淮南子齊俗訓云：「夫蝦蟆爲鶉，生非其類，唯聖人知其化。」此當時物理學之發軔也。

四六 經 損，偏去也。

說 損：偏也者，兼之體也。其體或去或存，謂其存者，損。

校 王氏於經說偏字下校增一去字，又將第二存字改爲去，皆非是。今依原本。

釋 「體，分於兼也。」（見第二條。）從總體中去其一部分，則所存之部分損矣。

四七 **經** 儇：稘（？）秪（？）。

說 儇（？）：昫（？）民也。

校 此條譌脫，不能索解。孫校經文謂當作「環俱氐，」言環無端互相爲底。似未愜。姑存一說。

四八 **經** 𢊁：舊作庫。易也。

說 𢊁：所視𢊁。若區穴。

校 舊作『庫區穴若斯貌常，』孫校「斯貌常」當爲「所視𢊁，」從之。「區穴若」三字，疑錯倒。

釋 𢊁，卽障字。下文云：『方不𢊁，』第八十條。義同。易，似有傾斜之義。參看經下第十九條。彼文言光學，以易與正對舉。區穴，似指幾何學之平面。參看本經第六三條。所視障者，言視爲物障，若在平面上不能覩物之體也。

此釋亦自覺未安、姑存之。

四九 **經** 動：或（域本字。）徙（舊作從。）也。

說 動：偏際徙。（舊作偏祭從。）若（舊作者。）戶樞它蠶。（舊作免瑟。）

校 經文「徙」字，舊作「從，」說文「偏際徙，」舊作「偏祭從，」今並從孫校。「它蠶」舊作「免瑟。」孫云：『疑免瑟當作它蠶。它卽蛇正字。……蠶俗作蠺。它蠶與免瑟，形近而譌。戶樞，它，蠶，皆常動之物。』啓超案：孫校確否未敢斷，大旨蓋不謬。但舊本「者」字，當爲「若」字之譌。『若戶樞它蠶，』舉例以明動相也。孫以「者」字屬上爲句，非是。

釋 經下有『宇或徙』一條，（第十五條。）與此條之『動或徙，』文義皆同。或，域之本字也。域，區域也。「或徙」者，言在空間移動也；故說以「偏際徙」釋之。「際，」指空間，「偏際，」卽「彌異所。」（看第四一條。）戶樞者，戶之樞也。呂氏春秋盡數篇云：

「戶樞不螻，動也。」

經上之下

經說上之下

五〇【經】止：以久也。

【說】止：無久之不止，當牛馬（舊脫。）非馬；若矢（舊作夫。）過楹。有久之不止，當牛（舊作馬。）非馬；若人過梁。

【校】「矢」舊作「夫」，張云：疑亦當爲「人」。王云：夫當作矢。鄉射禮記曰：射自楹間，故以矢過楹爲喻。啓超案：王說是也。舊本『當牛非馬當馬非馬』兩句，孫云：與上下文不相蒙，疑爲錯簡。啓超案：孫說非是。但文有譌奪耳。今以意校爲今本，說詳釋中。

【釋】停與不停，因時間觀念而得名，故曰止以久也。（看第四一條。）無久有久，義見第四十四條。無久者，將時間分至極微而不能再分之謂。若矢過楹者，莊子天下篇云：『鏃矢之疾，而有不行不止之時。』蓋矢行必經時而始至；所行遠則需時長，所行近則需時短。然則矢之行於空間，必不能無停留。就此極微不能再分之一點觀之，則矢必曾止於此點也。然使矢已止，則必不能自此點更移於彼點；今彼能移，則不止也。太陽之光，本經若干時之行始接於吾目；而吾輩以爲彼發光而我立見焉；是未知此爲無久之不止，其理若矢之過楹也。此理頗奧衍，非常識所易辨，故與「牛馬非馬」之義相當。（義詳經下第十四條。）有久者，卽常識所謂時間也。人行過橋，且止且行，經若干時。此理甚淺，故與「牛非馬」之義相當。

五一【經】必：不已也。

【說】必：謂臺執者也。若弟(?)兄。

【校】舊注皆將下文『一然者一不然者必不必也是非必也』十五字歸入

此條與『若弟兄』連讀爲句，謂『若弟兄一然一不然』義同「非必。」此大誤也。「弟兄一然一不然，」固已不詞，且此與非必義何關。若謂一然一不然爲一必一不必，或勉強可通，謂爲非必，無此文義矣。『必不必也，是非必也，』亦複沓不成語。不知此十五字乃次條『平同高也』之解釋。傳寫者將「平」字誤作「必」字，後人因以此條釋「必」之文相連，不復深思，乃附會而益失其義耳。弟兄二字，疑亦有誤，未敢擅改。疑「弟」字或弓字之譌，「兄」字則衍文。弓，正可以持執者也，但無別證，未敢校改。

釋 釋名云：『臺，持也。』必然之事理，可以持執，故以臺執訓必。「若弟兄」者，弟必後生，兄必先生，此必之義也。

五二 **經** 平：同高也。

說 平：舊本脫。一然者一不然者，必不平舊作必。也。同(?)

舊作是。然，舊作非。平舊作必。也。

校 舊本無句首之平字，惟下文有「心中」二字，其心字卽此平字也。先譌作必，又由必譌作心，又錯移於下耳。今據文例校補。

「必不平也」舊本作「必不必也。」平必二字皆「從八八亦聲；」古無輕脣音，平與必爲一聲之轉；篆字形亦相近，故涉上文而譌。

「同然平也」舊本作「是非必也。」然字與非字，草書形近而譌。平譌必與前句同。惟「是」字不得其解。釋文義當爲同，或傳寫者臆改耶？

舊注將此十五字屬上條，因謂本條有經無說，誤也。

釋 一然一不然，例如一高一下，必不平矣，同然，則平也。陳澧引海島算經『兩表齊高』一語釋『平同高，』甚是。其引幾何原本則太鑿矣。『平同高』者，謂高度相同斯謂平耳。

五三 經 同：【長】此字舊衍。以正相盡也。

說 同：擽、異？得、之，同【長】也。舊作「捷與之同長也」。狂

校 經經說兩長字，疑皆涉下條而衍。

經說文舊作『捷與狂之同長也』啓超案：捷字疑當作攖，攖因形近譌爲接，接又因音近譌爲捷也。與疑當作異。經說下第二條兩異字皆譌爲與，是其證。得字譌爲狂，或因草書形近。所校未敢自信，存之以待來哲。

五四 經 中：同長也。

說【心】中：自是往相若也。

釋 相盡者，兩物內容適相若，彼此互相函而俱盡也。攖者，物與物相遇之謂。本經第六七條云：『攖，相得也。』彼條經說，即以相盡不相盡爲解。（參看彼條。）異物相攖而能相得，是之謂「以正相盡，」是之謂同。

校 心字爲必字之損，必字又爲平字之譌。本第五二條牒經標題之字，錯入此處。今刪。

畢氏以前條經說與此條併而爲一，謂爲合釋五二五三五四之三條經文。張孫皆沿之。啓超案：本書無數經共一說之例。且說中每條首一字，必牒經之首一字以爲題。則此說文自「同」字以下釋第五十三條，自「中」字以下釋第五十四條，最明白可信據，張孫皆不明此例，故引說就經，往往失次。

孫氏既不知此文「中」字爲牒經標題，又不知「心」字爲譌文，乃將「心中」二字連讀，謂『以中一表爲心外四表爲邊，規畫其邊……』云云。又將前條之「捷與狂」改爲「插與往」亦以割圜之理附會之。不知割圜乃五十八條所論，與此文無關也。

釋『中同長』者，兩邊相距長度適同謂之中。『自是往相若』者，「是」指「中」言。自中往左，其長與右相若；自中往右，其長與左相若。故曰「同長。」

此條與第五十八條不同。彼條之同長以面言，此條之同長以淺言。舊注混之，非是。

五五 經 厚：有所大也。

說 厚：區（舊作惟。）無所大。

校 「區」舊作「惟，」因形近譌「區」爲「唯，」又轉譌爲「惟」耳。畢云：『唯其大無所加，是所謂大也。』孫云：『積無成厚，其厚不可極也；與經文相反而實相成。』啓超案：兩說皆非。此由誤讀「惟」字曲爲之解耳。

釋 以幾何學名詞釋墨經：點，謂之端；線，謂之尺；面，謂之區；體，謂之厚。體有長短廣狹厚薄，其有厚薄，所以別於面也。以厚得名，故謂之厚。體有容積，故曰『有所大。』經說以『區無所大』爲釋者，正以明體之所以異於面也。

五六 經 日中：正南也。

無說

五七 經 直：參也。

無說

五八 經 圜：一中同長也。

說 圜：規寫交也。

校 交舊作支，從孫校。下條同。

釋 幾何原本云：「圜者，一形於平地居一界之間；自界至中心作直綫俱等；若甲乙丙爲圜，丁爲中心；則自甲至丁，與乙至丁丙至丁，其綫俱等。」即「同長」之義。又云：「圜之中處爲圜心；一圜惟一心，無二心。」即「一中」之義。「規寫交」者，孫詒讓云：「凡以規寫圜形，其邊綫周匝相轃，謂之交。或爲直綫以湊圜心，中交午成十字形，亦謂之交。」

五九【經】方：柱隅四雜也。

【說】方：　矩見（?）交也。

【校】雜，舊作讙，或作驩。從孫校。

【釋】孫詒讓云：呂氏春秋論人篇云：『圓周復雜。』高注云：『雜猶帀。』周易乾鑿度鄭注云：『方者徑一而帀四也。』此釋方形爲柱隅四雜者，謂方柱隅角四出，而方冪則四圍周帀，亦卽算術方一周四之義。方周謂之雜，猶呂覽謂圜周爲雜矣。

六〇【經】倍：爲二也。

【說】倍：　二，尺與尺俱，去一得二。

【校】舊作『二尺與尺但去一。』但字當爲俱字之譌。「得二」兩字，錯入第六六條，今以意校正。舊因「得二」二字錯入第六六條，遂使彼條異說文離；而本條亦終不可解。各家皆將「二尺」兩字連讀，又不解尺之即爲線，乃謂二尺與一尺相較，但去其一，即名爲倍。此何可通耶？

釋　「倍」字牒經標題。「二」字復牒經文「二」字而釋之。尺者，幾何學所謂綫也。綫與綫並，綫失其一，而此綫所得者乃實二也。故曰「爲二」。

六一　經　端：體之無厚（舊作序。）而最前者也。

說　端：是無間也。（間、舊作同。）

校　「厚」舊作「序」。從王校。「間」舊作「同」。疑因形近而譌。

釋　端者，幾何學所謂點也。體即『體分於兼』之體。（與幾何之體異。）點無長短廣狹厚薄，故云無厚。凡形皆起於點，故云最前。說文云：『耑，物初生之題也。』耑，端之原字。與此文最前義同。說中「無間」二字，舊作「無同」，形近而譌耳。無同不足爲點之界說。（張云：「若有同之、即非最前。」義膚淺不愜。）幾何原本云：『點者無分。』蓋點者不可分者也；不可分則無間也。莊子養生主篇云：『以無厚入有間。』無厚無間者，惟點耳。中庸云：『造端乎夫婦。』造端即起點也。物理學上之「極微，」即端也。凡質礙之物，皆得析之爲分子，分子更析爲原子，更析爲電子；電子則在今以爲不可析，幾於端矣。端不可析，故無間；無質礙，故無厚；爲一切物質之原，故云在前。

六二**經**有間：中也。

說有間：謂夾之者也。

六三**經**間：不及旁也。

說間：謂夾者也。尺，前於區【穴】（此字疑衍。）而後於端；不夾於端與區間。（舊作內。）

及：及非齊之及也。

校「區內」疑「區間」之譌。「穴」字疑衍。因下旣譌間爲內，此文涉下衍內字又涉形近譌爲穴耳。

『及：及非齊之及也』七字，疑爲後學案識之語羼入本文。

釋惟點無間，線面體皆有間矣。故續釋間義。間者，猶隙穴也。凡形之可分析者皆有間。物之受熱而漲。受冷而縮，皆「間」之作用也。以至粗者言之，則太陽與地球相距之間謂之間；以至細者言之，則兩電子相距之間謂之間。此以夾者訓間，以夾之者訓有間。間者，所間也；有間者，能間也。「有間」指本隙，「間」則構成本隙之物也。能所合然後間義明。

區者，幾何學所謂面也。有長有廣，成一界域，故謂之區。先有點而後有線，先有線而後有面，故曰：『尺前於區而後於端。』尺既在端前區後，則似尺在端與區之間矣，而其實不然，蓋間之義不如此也。經說恐人誤會，故舉『尺不夾於端與區間』作反證也。

及郎夾也；以同音互訓。（粵語此兩字讀音全同。）「不及旁」者，言旁夾中中不夾旁。說恐人誤以到字訓及，故特牒經文及字另標一題，而申言非齊及之及。

六四 **經** 櫨：間虛也。（舊作纑。）

說 櫨：虛也者，兩木之間，謂其無木者也。

校 櫨字從孫校。

釋 此舉蠿跡以明間義也。孫詒讓云：『櫨，柱上小方木。』（據宋三經音義引倉文。）張惠言云：『與夾者相及則謂之間，但就其虛處則謂之櫨。』兩木之間無木猶兩恆星之間無恆星，兩電子之間無電子。故命之曰「間虛」。

六五經盈：莫不有也。

說盈：無盈，無厚。於尺無所往而不得。【得二】

校「得二」兩字，乃第六十二條『倍爲二也』經說之文，錯簡入此。今校刪，移歸彼條。

孫破此文之尺字爲石字，而以堅白石爲之釋。蓋因此下錯入「得二」兩字，次條之經，有『堅白不相外』一語，再次條之說又有『堅白之攖相盡』一語，因誤將三條經說混而爲一。謂「得二」兩字之解，指石得堅白之二；引公孫龍子『無堅得白其舉也二無白得堅其舉也二』爲證；用心可謂極細。不知此條「得二」兩字，全屬錯衍，下兩條之「白」字，亦是傳寫者妄加耳。（說詳彼條）石中堅白相盈，與此文無盈無厚之義全不相涉，如孫氏說，則「於尺」一句成枝辭矣。

釋 盈，函也。例如體函面，面函線，線函點。凡函者必盡函其所函，故曰『莫不有。』『無盈無厚』者：謂無盈則無厚。例如點不函他點，則終不能積而成體。『於尺無所往而不得』者：端(點)不函他端，(點)故無盈無厚；引端(點)爲尺，(線)則尺(線)函端(點)無數。縱橫曲折以成區，(面)則函尺(線)無數。積疊以成厚，(體)則函區(面)尺(線)端(點)無數。隨所引而皆有函，（有盈）則無論若何引法皆可以成體（有厚）也。

六六 **經** 堅【白不】相外也。（白不二字舊衍。）

說 堅：異處不相盈，相非，（同排。）是相外也。

校 經文「白不」二字疑衍。經上篇體例，每條皆首一字爲句。此條之『堅相外也』與次條之『攖相得也，』以反對兩義相次，與「譽明美誹明惡」「平同高中高長」諸條，文例正同。且經說正釋相外之義，與「堅白」義無涉，故知此文必衍也。

經文既衍「白不」二字，「堅白不相外，」與經說下第十六條『無堅得白，必相盈也，』語意似互相發明。孫詒讓因謂經說之堅字下脫一白字，當云：『堅白異處不相盈。』啓超案：孫說誤也。凡經說每條之首一字，皆牒舉經文而標爲題；此字萬不容與下文連讀成句。此是讀墨經當嚴守之公例。此例本孫氏所發明，然彼不能嚴守；間詁中句讀，將首一字連下文讀者過半，其致誤之原多由此。即如此條，若如孫說以「堅白異處不相盈」成句，則不惟脫一白字，當並脫一堅字矣。何也？此文堅字乃由經標題，例應獨立成句；然則「白異處不相盈，」尚成文耶？且如孫說，則經言「堅白不相外，」而說言「堅白不相盈；」兩義正反，何以成解？推孫氏致誤之由(一)因經文作『堅白不相外，』(二)因下條有『堅白之攖相盡』一語，(三)因此處

「堅」字上舊本錯入「得二」兩字，(四)因經說下第十六條有『堅白相盈』之文。將此四文參伍之，以與公孫龍之堅白異同說相結合。殊不知「得二」兩字乃錯簡，與此文無關。（詳第六〇條第六五條）「堅白之攖」實當作「兼之攖。」（詳第六七條）此條經文下條說文之兩白字，皆妄人所加耳。妄人所以加此字者。亦由不得其解，覩一堅字，則以爲是必論「堅白異同」也，輒加一白字於其下；以譌傳譌，而孫氏受之。其實經上經說上全未討論到「堅白石」問題，「堅白石」乃後世墨者觭偶不仵之辭耳。經說「堅」字上有「得二」兩字，乃六十二條之錯簡。張氏以冠本條，大誤。

釋堅，卽佛典所謂「質礙。」凡物之形質在空間占一位置者也。凡質礙皆有其所占之空間，此所占互不相容。此空間既爲甲質礙所占，卽不能爲乙質礙所占，故曰『相外。』相外者何？相排也。說所云「相非，」卽相排也。『異處不相盈』者：「處，」卽位置；「相盈，」相函也。質礙之爲性，各自占一特異之位置，不能相函，此其所以相排也。

六七 經 攖：相得也。

說 攖：尺與尺俱，不盡。（舊注以俱不盡之字連讀成句，非是。）端與端俱，盡。尺與端，（舊脫。）或盡或不盡。兼（舊作堅。）【白】（舊衍。）之攖相盡，體攖不相盡。【端】（舊衍。）

校 舊本「不相盡」之下有一「端」字，而「尺與」之下「或盡」之上脫一「端」字，孫氏移彼補此，是也。『兼之攖相盡，』舊作『堅白之攖相盡，』孫以經說下「堅白相盈」之義釋之，驟讀若無以易矣。其解『體攖不相盡，』以物體爲解，忘卻凡墨經中之體字，皆指「分於兼」者而言，不能以一獨立之物體目之也。上文以尺與端對舉，故知此文之「體」字，必當與「兼」對舉。「兼」譌爲「堅」者。因音相近，而上條又有堅字，傳寫涉筆成譌。後之校者，因「堅攖」義不可通，忽想到經下有「堅白相盈」一語，遂奮筆加一「白」字於其下；亦如孫氏將前條之「堅異處」改爲「堅白異處」而後之讀者且據爲定本以校改他條矣。其實此條專就幾何學上之等量不等量而言，與論理學上所辨堅白異同，渺不相涉。而近似之譌，能使誤讀者持之有故言之成理，甚矣校書之難也。

釋 攖，相接觸也。相得，相吸受相銜接也。攖，有盡與不盡之別。本經第四十三條云：『盡，莫不然也。』兩形接觸，構一新形；其新形內容與舊形適脗合者，相盡也；反是，則不相盡也。端與端俱，何以能盡？以點加點爲點，新點與舊點之內容必脗合也。電子攖電子，所得原子，其內容必與原電子脗合也。尺與尺俱，何故不盡？線之種類甚多，失之豪釐，則差之千里，甲線與乙線攖，內容必不能脗合也。「尺與端或盡或不盡」一者：線與點相攖，其一部分與原點相盡，其一部分與原點不相盡也。『兼之攖相盡體攖不相盡』二句，卽說明「尺與端或盡或不盡」之理。尺者端之兼，端者尺之體也。就其兼之攖言之，一線函各點，各點內容之和與全線內容適相若，故曰：『兼之攖相盡』也。就其體之攖言之，線中甲點之內容，非乙點之內容；故曰：『體攖不相盡』也。

六八 **經** 仳：舊作似。有〔以〕此字疑衍。相攖有不相攖也。

說 仳：兩有端而后可。

校 經文「仳」舊譌作「似」，孫氏據經說標題校改之，是也。畢張據經改說，非是。有以相攖之「以」字，亦疑涉上文「似」字而衍。

釋 仳與比通。凡形或相攖或不相攖，皆可相比。如兩平行線兩交角線，皆可比其長度也。然必雙方各皆有相比之點然後可。如不相攖之兩平行線，必須齊其起點，乃能相比；相攖之角線，必以共同之頂點相比；「一中同長」之圜線，必以共同之圜心點相比也。

六九 **經** 次：無間而不相攖也。舊作攖。

說 次：無厚而後可。

校 「不相攖」舊作「不攖攖」，從孫校改。

釋 次，排列也。排列而不相接觸，則爲不相攖。次何以必須無間無厚？未得其解。

七〇 **經** 法：所若而然也。

說 法：意，規，員，三也俱；可以爲法。舊註以「三也」斷句，「俱」屬下讀，非是。

釋　若，順也；似也；肖也。說文法字下云：『法，刑也。』刑字下云：『荆……从井；井，法也。』型字下云：『型，鑄器之法也。』模字下云：『模，法也。』笵字下云：『笵，法也。』足證法之本義爲模型模範。『所若而然』者，謂依此型範作一物事，所結果與原範同也。（例如一錢笵所鑄出之錢、其形相等。）『意規員三也俱』者，謂心識中所意（同億。）度之圓的觀念，與畫圓之規，與所畫出之圓形，三者和合；如此則可以制成一圓模矣。故曰『可以爲法。』

七一　經　佴：（舊作佴。）所然也。

說　佴：然也者，名（舊作民。）若法也。

校　「佴」舊作「佴，」據小取篇校改。「名」舊作「民，」從孫校改。

釋　本經釋「佴」字者兩條，「佴」無意義，疑皆「佴」之譌。「佴」乃墨家論理學所用辯法之一。小取篇云：『辟之侔也，有所至而正；其然也，有所以然也。』即本經「所然」之義。說以「名若法」釋「然」字，即前條「法所若而然」之義。前條就幾何學上說，本條就論理學上說；故加以申明。

七二 **經** 說：所以明也。

說 無說

釋 此條無說，殆因文義自明，不復爲之說也。小取篇云：『以說出故。』用言語以說明「所得而後成」之故，即「說」也。故曰：『所以明也。』

七三 **經** 彼，（舊作攸。）不可兩【不可】也。（下不可二字舊衍。）

說 彼：此（舊作凡、）牛，樞（？）（疑渠字之假借。）非牛，兩也。無以非也。

釋 本條經文，舊本作『攸不可兩不可也。』經說文，舊本作

『彼凡牛樞非牛。……』文義並難通，故釋者皆支離不愜。今案：經文之攸字，當爲彼字，據經說標題，可證。（張孫並已校正。）「彼」者何？指所研究之對象也。能研究之主體爲我；故所研究之對象，對「我」而名「彼」也。『不可兩不可也，』當爲『不可兩也。』下「不可」二字，傳寫複衍耳。『彼不可兩』者，凡研究一對象，必先確定其範圍；範圍兩歧，則無以爲辯論之地。故不可兩也。經說卽說明此義。舊本「凡」字，當是「此」字之損泐。「樞」字疑卽「渠」字之同音假借。（今粵語謂「彼」爲「佢」，其音讀如「渠」。「樞」字之讀，正與相同。此文變「彼」爲「樞」者，因所釋正爲「彼」字，慮文意相混，故以俗語代之。）「此」與「樞，」猶言此與彼耳；猶言甲與乙耳。例如有兩人爭辯，一人云：『甲，牛也，』一人云：『乙，非牛也，』此在論理學上不成問題。何也？以甲乙本是兩物，所研究之對象不同，不足成是非之爭點也。故曰：『兩也；無以非也。』此條言正名第一步工夫。荀子正名篇云：『異物名實互紐，則志必有不喻之患。』正謂「兩彼」之不可也。經說下第六十七條云：『正名者、彼此，彼彼止於彼、此此止於此。……』與本條可相發明。

七四 **經** 辯：爭彼也。辯勝，當也。

說 辯：或謂之牛，謂之非牛，是爭彼也。是不俱當。不俱當，必或不當。不當若犬。當若舊作若當。

校 「當若」舊作「若當，」張謂：『不若兩不辯而當之犬，』孫謂：『不若謂狗爲犬之當，』皆曲解也。此從胡校，義詳釋中。

釋 論理學之應用謂之辯。辯者何？對於所研究之對象，辯論以求其是也。故曰：『爭彼。』有兩人於此，一人曰：『甲，牛也；』一人曰：『甲，非牛也；』於是爭論起焉。此兩說不能俱是，必有一是有一非。例如甲實犬也，則謂之非牛者是也，謂之牛者非也。故曰：『辯勝，當也。』（前條之例、一人云：甲牛也、一人云：乙非牛也。此則兩俱當、或兩俱不當。此則非兩論理學上之問題矣。）

經下第三十六條云：『辯無勝，必不當，說在辯。』說云：『辯也者，或謂之是，或謂之非；當者勝也。』本條云『勝者當，』彼條云：『當者勝，』互相發明。

墨子認論理學爲知識之源泉，故最重視之，非命上篇云：『言必立儀。言而毋儀，譬猶運鈞之上而言朝夕者也；是非利害之辨不可得而明知也。』墨經兩篇及經說，什九皆爲正名之用。大取小取，則言其應用之法也。故魯勝名經爲墨辯。本條與經下第三十六條，可謂墨辯之提綱矣。

七五**經**：爲窮知而縣於欲也。

說為：欲𤅽（舊作離、不成字、今以意校改、下同。）其智。（舊作指、以意校改。）智不知其害，是智之罪也。若智之慎之（舊作文、從孫校。）也，無遺於其害也，而欲猶（舊作猶欲。）𤅽之，則離(?)（此字有誤。）之「是猶食脯也，騷(?)之利害未可知也；欲而騷(?)是不以所疑(?)（此字疑當作知、下同。）正（舊作止。）所欲也。廧外之利害未可知也；趨之而得力(?)（此字有誤。）是以所疑(?)正所欲也。觀為窮知而縣於理，𤅽脯(?)（此字有誤。）而非恕也，𤅽智而非(?)（此字有誤。）愚也。所為與(?)不所與（此四字有錯倒、或衍。）為相疑也，非謀也。」

校 經說此條，與全篇文體不類。他條文皆極簡，無此冗沓。（經說下文雖較長，仍無冗語。）竊疑原文至「則離之」句而止。自「是猶食脯也」至末，皆後世讀者所加案語，羼入本文。（或出漢代以後亦未可知。）仍有譌字，不甚可讀，姑從闕疑。

釋 經文之意，蓋言行爲爲智識之結果，而又常爲欲惡之念所拘牽也。說自『欲壅其智』至『則離之』皆釋此義。循文可明。

七六 經 已：成，亾。

說 已：爲衣，成也。治病，亾也。

釋 張惠言云：『爲衣以成爲已，治病以亾爲已。』孫詒讓云：『亾，猶言無病也。』

七七 經 使：謂，故。

說 使：令，【謂】（此字疑衍。）謂也。不必成。濕（？）（此字有誤。）故也。必待所爲之成也。

校 舊注皆以「不必成濕」爲句，釋「濕」字各有異說。孫氏又於「故也」下加一「者」字。啓超案：「令謂也濕故也，」相對成文，「濕」字不應屬上讀，但此字有譌誤，無從校改。

釋「使，」有謂與故之兩義。謂者，命令之使如是。不必問事之成與否，只須已發此令，即謂之「使。」故也者，『所得而後成也。』(見第一條。)因此故而致彼如是；必所爲已成，乃得名「使」也。

七八 **經** 名：達，類，私。

說 名：物，達也；有實必得(舊作待。)之(舊作文、之與此通。)名(舊作多。)也。命之馬，類也。若實也者，必以是名也：命之「臧，」私也；是名也，止於是實也。聲出口，俱有名。若姓字麗。(字舊作字、麗舊作灑。)

校 「必得之名，」猶言必得此名也。舊作「必待文多，」孫校「文」當作「之，」「多」當作「名，」甚是。待字義亦可通，但不如得字之完，恐涉形近而譌。

「若姓字麗，」舊作「若姓宇灑。」張校「宇」爲「字，」是已。但以「灑」字屬下條讀，則大謬。下條首一字爲「謂」字，卽牒經之文，其上安容更有他字？「灑」字乃「麗」之譌。謂姓字與本人相麗，若名與出口之聲相麗耳。

釋 正名第二步工夫，在辨别名之種類。此言名有三種：(一)達名，(二)類名，(三)私名。

達，通也；達名，物之通名也。例如「物；」凡有物質之實者皆共得此名也。荀子正名篇云：『萬物雖衆，有時而欲偏舉之，故謂之物。物也者，大共名也。』大共名卽本經之達名也。類名者，以同類得名也。例如「馬；」凡有馬之實者皆名之爲馬也。正名篇云：『有時而欲徧舉之，故謂之鳥獸。鳥獸也者，

大別名也。』大別名卽本經之類名也。私名，專有之名也。例
如服役之人，名之爲臧；臧之名僅限於此人也。正名篇云：『
推而別之，別則有別，至於無別然後止。』如人爲最大別名，
中國人爲次大別名，中國古代人爲次大別名，皆類名也。墨
子爲小別名，則私名矣。凡聲不出於口則已，一出口則必有
名隨之，若姓字之與本人相麗而不可去也。

七九 **經** 謂：命，舊作移。舉，加。

說 謂：狗，犬；命也。狗，犬，舉也。叱「狗！」加也。

校 經文「命」舊作「移，」涉前條之「私」字而譌耳。今據經說校改。孫
據經改說。非是。
「謂」字上有「灑」字，乃前條之文。舊注皆誤以入本條，張云：『灑卽移
意，移狗而謂之犬。』孫云：『灑鹿形近，移他名謂此物，猶言指鹿爲馬。』兩

說皆附會可笑。此「謂」字乃本條牒經標題之文，其上更不容有字也。

釋 下條云：『所以謂，名也。』此條卽釋「所以謂」之「謂。」「謂」有三種：（一）命而謂之；如謂狗爲犬，(爾雅：犬未成豪曰狗。)此命狗以犬之名也。（二）舉而謂之；如云：『此狗也，彼犬也，』是「以此名舉彼實」也。(第三十一條文。)（三）加而謂之；有狗於此，叱而呼之曰「狗!」是所謂者加於其身也。

八○ **經** 知：聞，(舊作問、爭。據經說校改。)說，親。名實合，爲。

說 知：傳受之，聞也。方不㢓，說也。身觀焉，親也。所以謂，名也。所謂，實也。名實耦，合也。志(?)(疑當作知。)行，爲也。

校 孫將此條析爲二條，非是。凡經說每條首字，必牒經標題，此文「所以謂」之上無牒經字，知當合爲一條。且以旁行之上下行對照，此處不應有兩條也。

釋　此條論知識之由來，爲墨經中最精要之語，今詳釋之。人之所以能得有智識者，恃三術焉。（一）聞知，（二）說知，（三）親知。親知最凡近而最確實，說知次之，聞知又次之。今例釋如下：

『身觀焉親也』者，謂由五官親歷所得之經驗而成智識也。荀子正名篇云：『然則何緣而以同異？曰：緣天官。（案：天官即五官。）凡同類同情者，其天官之意（案：同億，謂億度也。）物也同。……形體色理以目異；聲音清濁以耳異；甘苦鹹淡以口異；香臭芬鬱以鼻異；滄熱滑鈹輕重以形體異；喜怒哀愛惡欲以心異。』（此案：六者，正與佛典之眼耳鼻舌身意合。）此所謂身親焉者也。兒童翫火而狎之，手觸熾炭，乃得灼焉，此身親焉而知其熱也。芻豢親嘗而知其美，芝蘭親齅而知其馥，桃李親覩而知其豔，笙歌親聽而知其和。身親焉者，知識之基本，而又其最可恃者也。故近世泰西之知識論咸趨重經驗，而名學以歸納爲極詣，誠以身親焉之可恃也。

『方不㢓說也』者，謂由推論而得之智識也。說，所以明也；方，如史記『見垣一方』之方。身親所得之知識，最近於正確，固也。然身所能親者，其限域至狹，非親莫知，則知之塗滯矣。據其所已知以推見其所未知，是之謂「所以明，」是之謂「說。」隔牆見角而知有牛，牆不障也；隔岸見煙而知有火，岸不障也。遊峨眉見積雪焉，須彌落機，所未歷也，知其高與峨眉齊也，或更高於峨眉也，則知其有積雪也。兒童觸火而得灼，所觸此火也，他火非待一一觸之，而莫敢或狎者，能推焉而知不障也。此爲得知識之第二

本經第七十二條文。㢓，卽障字；

塗徑，演繹的論理學，即此術也。

『傳受焉聞也』者，謂由傳聞而得之智識也。吾謂昔者嘗有墨子其人也，子謂昔者未始有其人也，吾何恃而證吾說之真也？恃親知耶？末由起墨子於九原而與之覿也。恃說知耶？不能謂嘗有孔子而推知必有墨子也；且又何據而知嘗有孔子也？不惟時間之相去爲然也，空間之相去亦然。未親登落機，何以知世必有落機也？寧能謂蜀有峨眉，而推知美之必有落機也？若是者，親知與說知兩窮；非恃聞知，無以爲也。墨子書傳焉，吾受之，知有墨子也。落機之名，地志傳焉，吾受之，知有落機也。此爲得知識之第三塗徑，讀書之所受，講堂聽講之所受，皆此類也。

人類最幼稚之智識，多得自親知；其最精密之知識，亦多得自親知。人類最博深之智識，多得自聞知；其最謬誤之智識，亦多得自聞知。而說知則在兩者之間焉。中國秦漢以後學者，最尊聞知，次則說知，而親知幾在所蔑焉；此學之所以日窳下也。墨家則於此三者無畸輕畸重也。

『所以謂名也所謂實也』者，如云：『此書是墨經，』「此書」云者，是所謂也。有「實」可指，故言實也。「墨經」云者，是所以謂也。用此名以表之，故言名也。如云：『墨經是難讀之古書，』「墨經」所謂也，實也。「難讀之古書」所以謂也，名也。用一「是」字以明名實之關係，而辭成焉，所謂『名實耦』也，「合」也。凡智識之成立，自至淺者逮至深者，自至簡者逮至繁者，皆「名實耦」之結果而已。

墨家以知行合一爲教，謂行爲須由智識生，無行爲則無以表示智識，故「名實合」謂之「爲。」知而行之，則是「爲」也。（文中『志行、爲也』。「志行」疑當作「知行」。凡經說中「知」字皆作「智」，智志音同，或傳寫者不解「智行」之義妄改之耳。「知行」者、謂知之而行之也。）

八一 **經** 聞：傳，親。

說 聞：或告之，傳也。身親（舊作觀。）焉，親也。

校 親舊作觀，疑涉上條而譌，上條釋知，可以觀爲喻；此條釋聞，不當言觀也。

釋 此言聞亦有兩種：（一）傳聞，（二）親聞。（參看經下第六九條。）

八二 **經** 見：體，盡。

說 見：特（舊作時、從孫校改。）者，體也。二者，盡也。

釋 此言見亦有二種。（一）體見，（二）盡見，特者，奇也；二者，耦也。體者，分於兼也；（第二條文。）盡者，莫不然也。（第四十三條文。）體見者，若見廬山之一面；盡見者，登泰山而小天下也。智識之誤謬，多由體見生，若盲人摸象，得其一節，謂爲全象，則蔽而自信也。然體見之爲用亦至宏，專研究事理之一部分而得真知，愈於博涉而僅游其樊者矣。

八三　**經**　合：正，宜，必。

說　合：舊作古。（兵立反？中志工，）此六字疑有譌誤。正也。臧（？）此字疑有譌誤。之爲，宜也。非彼必不有，必也。【聖者用而勿必】此六字下條之文，錯入此處，今校刪。必也者可勿疑。

校　此文自「古兵立反」至「兩而勿偏」凡三十九字，譌錯甚多，畢謂此三十九字，合釋八三八四兩條。本書無合釋之例，畢說自不足取。張謂三十九字皆釋本條，而次條無說。孫謂末六字釋次條，餘皆釋本條，亦未盡愜。竊疑「聖者用而勿必」六字亦當屬下條，錯入此處耳。每條首一字皆牒經標題，則此文「古」字，必爲「合」字形近之譌無疑。

舊注以「古兵立」連讀成句，曲為之解，皆無益費精神也。但「兵立反中志工」六字，終不可解，只得闕疑。「臧之為」三字亦難解，張謂『臧奉主命無不宜為。』孫又改「臧」為「義」，皆未愜。並闕之以待來哲。

釋 此蒙第八十條『名實合』之文而釋「合」義。言「合」函正，宜，必，三義。

八四 **經** **正：**（舊作且、又錯在兩句之間。）**欲正權利；【且】**（句首正字之錯誤。）**惡正權害。**

說 **正**（？）（舊無此字。）**正**（舊作聖。）**者，用而勿必。**（此六字舊錯入上條。）**權**（舊作伏。）**者，兩而勿偏。**

校 經文舊作『欲正權利且惡正權害，』孫謂且字為衍文，啟超案：且字與正字形近。此當為正字，但應在句首耳。乃譌錯文，非衍文也。

舊本「正者」作「聖者，」「權者」作「伏者，」今並從孫校改。但「正者用而勿必」六字，舊本錯在「必也者可勿疑」六字之上。今案：正與權之義。皆在經文本條，則此六字當爲本條之說。又據文例，說之首字，皆牒經標題，則當疊一正字。今並以意校補。

八五 **經** 爲：存，亡，易，蕩，治，化。

說 爲：甲(?)（舊作早、從孫校。）臺(?)存也。病，亡也。買，鬻，易也。消，（舊作肖、從孫校。）盡，蕩也。順，長，（上聲。）治也。鼃，鼠，（舊作買、從孫校。）化也。

釋 小取篇云：『於所體之中而權輕重之謂權。權，正也。斷指以存擘，利之中取大，害之中取小也。』即釋此經之義。

釋 此言「爲」字有六義。（一）以存爲爲，（二）以亡爲爲，（三）以易爲爲，（四）以蕩爲爲，（五）以治爲爲，（六）以化爲爲。如製甲築臺，此以存爲爲也。如治病，此以亡爲爲也。如買賣，此以易爲爲也。如消滅之罄盡之，此以蕩爲爲也。如順之長養之，此以治爲爲也。如鼃鼠之變爲鶉，此以化爲爲也。

八六 經 同：重，體，合，類。

說 同：二名一實，重同也。不外於兼，體同也。俱處於室，合同也。有以同，類同也。

釋 名家言莫要於辨同異，以下諸條，皆明斯義。同有四種：（一）因重而同，（二）因體分於兼而同，（三）因集合而同，（四）以類相從而同。重同者，例如仲尼同於孔子。體同者，例如孔子墨子同於中國人。合同者，例如合多人謂之軍，合多木謂之林。類同者，例如四足獸中有角者牛，有齒者馬。

八七 經 異：二，不（舊脫此字，畢據說校增。）體，不合，不類。

說 異：二畢（舊作必，從孫校改。）異，二也。不連屬，不體也。不同所，不合也。不有同，不類也。

釋 二畢異者，孫詒讓云：『謂名實俱異，是較然爲二物也。餘文易明。』大取小取兩篇言同異，多與此兩條相發明，但苦其文譌脫，不甚可讀耳。大取篇云：『重同，具同（具當爲俱。），連同，同類之同，同名之同，同根之同，丘同，鮒同（鮒當爲附。），是之同，然之同。有非之異，有不然之異。』彼文重同，卽此文之重同；彼文具同，卽此文之合同；彼文連同，卽此文之體同；彼文同類之同，卽此文之類同。惟尙有同名同根丘同鮒同等，視此文更精密矣。其言異則比此文較簡略，互相發也。大取篇又云：『小圜之圜與大圜之圜同，方至尺之不至也，與不至鍾之不至不異。』又云：『苟是石也白，取是石也，盡與白同；是石也雖大，不與大同。」並函名理，惜不甚可解。小取篇云：「夫物有以同而不率遂同。……其然也同，其所以然不必同。……其取之也同，其所以取之不必同。」此皆言論理學上求同求異之法也。

八八 經 同異交得知（舊作故。）有無。

說 同異交得，於福家良，（此四字當有譌。）知（舊作恕。）有無也。……

校 兩「知」字經文舊作「放」，說文舊作「恕」，並從孫校改。「於福家良」四字有譌，未敢臆改。孫謂當作「於富家食」，附會不足採。

此處經文離合排列，頗滋疑竇。今直行本此條正在第三十九條「同異而俱於之一也」之下，其文緊相銜接。驟視若可合爲一條；但依旁行讀法，則彼文宜排在上行，在「罰上報下之罪也」條之後，「久彌異時也」條之前，按彼經說，次序亦然；似無庸置疑矣。但細考義例：本篇經文，首一字皆斷句；（除「有間中也」一條爲例外。但應以「有間」斷句，抑應以「有」

斷句，尙屬疑問） 本條經文之「同異交得，」同字不能斷句，乃與第八十條之「名實合」同句法；似非獨立成條。其可疑一也。經說首一字例皆牒經標題；本條經說文「同異交得」之上，並未複疊一「同」字，似非獨立成條。其可疑二也。上行之『久彌異時也宇彌異所也』照全篇通例，決應分爲兩條，其經說中「久」字「宇」字亦各牒經標題，更可爲本屬兩條之確證；而今本乃合爲一，其可疑三也。經文雖每條獨立，然陳義亦往往相次。第三十九條論由異求同之法，正應在八六八七論同異兩條之次，以廁諸上行，太覺不倫，其可疑四也。以次四竇，竊疑『同異而俱於之一也同異交得知有無』十五字，宜合爲一條，排在下行；而『久彌異時也宇彌異所也』十字分爲兩條，排在上行。若所臆測不謬，則直行本當改訂如下：

『異二不體不合不類久彌異時也同異而俱於之一也同異交得知有無宇彌異所也聞耳之聰也』

其旁行排列式則應如下：

罰上報下之罪也　異二不體不合不類

久彌異時也　同異而俱於之一也同異交得知有無

宇彌異所也　闔耳之聽也

但以此移易，非特改經文次第，並經說次第亦須改。不敢自信爲當，姑存一說以待來哲。

本條經說下接『比度多少也』至『買宜貴賤也』八十三字，孫氏謂皆釋此條，但其文譌舛甚多，不能索解，姑以屬下條。

釋 同異交得，爲歸納論理所用最要之法。經說譌脫，不能得其真解，深可慨惜。小取篇云：『推也者，以其所不取之同於其所取者予之也。……其取之也同，其所以取之不必同。』大取篇云：『長人之異，短人之同；其貌同者也，故同。指之人

與首之人也異；人之體非一貌者也，故異。將劍與挺劍異；劍
以形貌命者也，其形不一，故異。楊木之木與桃木之木也同，
諸非以舉量數命者取之盡是也』此皆言同中求異異中
求同，卽同異交得之理也。泰西論理學歸納法所用五術：（
一）求同，（二）求異，（三）同異交得，（四）共變，（五
）求餘。共變卽求異之附庸，求餘卽求同之附庸；三足賅五
矣。而此三皆墨經中所曾導發也。

八九 經聞：耳之聰也。

九〇 經循所聞而得其意，心之察也。

說比（？）度多少也。免蚓還園，去就也。鳥折用桐，堅柔
也。劍尤早，死生也。處室子子母，長少也。兩絕勝，白
黑也。中央，旁也。論行行行學實，是非也。難宿，成未

也。兄弟，俱敵也。身處志往，存亡也。霍爲姓，故也。賈宜，貴賤(?)也。

校 此條字多譌奪，不可讀。文亦宂沓，與他條不類。疑是後世讀者所加案語，非原文也。（與第七五條同。）孫詒讓謂爲釋同異交得之義，列於第八十八條之下，而謂自第八十九至九十二四條，皆有〈經〉無〈說〉。竊疑此爲釋第九十條，所引者皆方言，故『循所聞而得其意，』頗不易易。但此條既無牒經標題之文，不能確指其何屬。文既難校，且皆引例，無關宏旨，故不復校也。

九一 **經** 言：口之利也。

說 言：（舊本作諾、涉言口兩字而譌。）超（城？）員止也。（超城員止四字有誤、無從色、從舊本作孫校。）長短前後輕重援。相從，相去，先知，是，可，五也。（校正。）

校 孫以此條爲『諾不一利用』〈經〉文之〈說〉。今案：『諾不一利用』實譌衍，此條當爲『言口之利也』經文之說。但譌奪太多，不能校釋。

九二 經 執：所言而意得見，心之辯也。

說 執：服（?）難成言務成之九則求執之（?）。

孫以此條爲『服執說』經文之說。今案：『服執說』實譌衍，此條當爲校 『執所言……』經文之說。但譌奪太多，不能校釋。

【諸不一利用】

【服執說音利】

【巧轉則求其故大益】

校 經文有此三條，而皆無說，孫氏因以九一九二兩條之說分割之而謂彼兩條無說。今案：『諸不一利用，』純是『言口之利也』之譌。將「言口」二字合寫，遂變爲「諾」字；第四字之「利」字仍原文；「之」字變爲「不一」兩字，「也」字變爲「用」字。其譌複之痕跡，歷歷可尋。『服執說音利，』純是『執所言而意得見』一條之譌，將「所」字譌爲「服」字，又將此兩字倒寫，則變爲「服執；」將「言」字譌爲偏旁，將「而」字譌爲同音之「兒」字，又將兩字合寫，變爲不成字之「說；」「意」字損泐成「音」字，「得」字草書形近，又涉上文遂譌爲「利」字，其跡亦歷歷可尋。推原所以致譌之由，實因第三十七條『同異而俱於之一也，』本在下行，不知以何時錯入上行。後來傳寫者因上下行列不齊，見下行有空格，不審九一九二兩條應列何格，姑兩存之，在當時必有符號爲識別，再後來傳寫者不得其解，加以舊鈔字體或有損泐，遂致添出兩條。注家因諸字屢見，釋爲唯諾之諾，乃言應諾有五法，曲爲之解，眞鼠璞舉燭之類矣。『巧轉則求其故大益』八字，亦涉下文而衍。本經實祇有九十六條，傳寫者以譌傳譌，強增爲一百條，亦致譌之一端也。要之本篇末數簡上下兩行皆譌脫不可讀，祇當闕疑，不可強作解事也，

九三 **經** 法同則觀其同。

說 法：法取同，觀巧(?)轉。（此二字有誤、未敢妄校。）

九四 **經** 法異則觀其宜。

說 法：取此擇彼，問故觀宜。「以人之有黑者有不黑者也正（舊作止。）黑人，與以有愛於人有不愛於人正（舊作心。）愛人，是孰宜?」

校 此條經文胡氏以之與次條合併爲一，讀作「法異則觀其宜止，因以別道。」非也。「止因以別道」上，今直行本尚有「動或從也」四字隔斷，其文本不銜接，安能牽合?

張氏謂經說自「比度多少也」至篇末，皆不知所屬，然此兩條有兩法字牒經標題，其所屬仍甚明。孫引以就此經是已。惟孫以「觀巧傳法」斷句，非是。說中第三法字，乃第九四條牒經之文也。

「者也」下之「正」字舊作「止，」「於人」下「正」字舊作「心，」「孰宜」下舊亦有「心」字，兩「心」字孫皆校爲「止，」啓超案：疑皆當作「正。」「損」𢧵成「止，」「止」又譌爲「心」耳。但「宜」字下一字，孫以屬本條，讀爲「是孰宜止，」非是。「彼」字乃次條之牒經標題之文也。自「以人之有黑者」至「是孰宜，」疑爲讀者所加案語羼入正文。

九五 **經** 正：舊作止。因此別道。

釋 此兩條皆申說同異交得之術。

說 正：舊作心。彼舉然者以爲此其然也，則舉不然者而問之【若聖人有非而不非】此八字疑當屬下條。

校 經文「正」字舊作「止，」疑損𢧵成譌。說文「正」字舊作「心，」損𢧵後又重譌也。孫以屬上條，非。

釋 論事之蔽，莫甚於僅見其一面而不見其他面。彼舉其然者，我舉其不然者而問之，則能正其失也。

九六 經 正：無非。

說 正：若正（舊作聖，從孫校改。）人有非而不非。【五諸皆人於知有說過五諸若負無直無說用五諸若自然矣】

校 「正」字乃牒經標題之文，錯倒在下句，孫讀「正五諸」爲句，誤也。自五諸以下，疑皆『若正人有非而不非』句之複寫衍文，「五」字即「正」字之譌，「諸」字即「若」字之譌，人有等字皆原文。所以複出者，因旁行本下行有空格，傳寫者輒思補滿之，乃將前條複寫，而又譌衍百出。舊注強索五諸二字之意義，甚無謂也。

釋 謂人有非從而正之，則非者可使不非也。

讀此書旁行

校此五字直行本在「止因以別道」之下「正無非」之上。蓋傳寫者所加案語，錯入正文。因此五字，吾輩乃能得此經之讀法，其功不少也。但因此益可見本書之文，非盡原本，吾言七十五九十四兩條，皆有案語羼入，並不足爲異也。

經下之上

經說下之上

一 **經**正：（舊作止。）類以行之。（舊作人、從孫校。）說在同。

說正：（舊作止。）彼以此其然也，說是其然也；我以此其不然也，疑是其然也。此然是必然，則俱。（此七字舊錯在下條。）

校經經說兩「正」字，舊皆作「止，」與全條文義不相屬。張云：「不可止也，故宜以類。」孫引左傳哀十二年杜注：「止，執也，」謂是各執一辭。啓超案：兩說皆非，止字乃正字之損泐耳。『此然是必然則俱』七字，舊本在次條『大小也』三字之下，疑屬錯簡。蓋此七字正釋『說在同』之義，以入下條。則在彼條爲無着落，在本條爲語意不完也。

釋 經說上第九十五條釋「正」字之義云：『彼舉然者以此爲其然也，則舉不然者而問之。』此條之意，正與彼條相蒙。言此種辯難方法，當以類行之。其類同者，則「異而俱於此一。」（經上三十九條文。）甲然則乙亦必然也。故曰：『說在同。』小取篇云：『言多方殊類。』又云：『以類取，以類予。』大取篇云：『夫言以類行者也。立言而不明於其類，則必困矣。』非攻篇云：『子未察吾言之類也。』此皆言類之作用，蓋歸納論理法第一要件矣。與本條義相發明。

二 **經** 謂……推類之難，說在【之】大小。

說 謂：四足獸與牛馬（舊作生鳥。）異，（舊作與。）物盡異。（舊作與。）大小也。【此然是必然則俱】（此七字上條之文，錯入此。）

校 此數簡譌舛甚多，校讀不易。本條經文，語意似有未完。今本「推」字上，存「騆異說」三字，孫氏謂當屬此條，乃將「騆」字破爲「四足牛馬」四字，依孫說則此條經文爲『四足牛馬異說推類之難說在名之大小。』但所破太多，而義仍不愜。張氏謂「騆」字爲衍文，而「異說」二字當屬下行之第一排。（詳第四十三條）較爲近眞。惟「推」字上必仍有闕文，則可斷言。所闕何文，無從校補。但經說牒經標題之首字爲「謂」字，則知經文首一字亦當爲「謂」字也。

經文「之」字上，孫謂脫一「名」字。啓超案：或非脫，不過「之」字涉上而衍耳。

「牛馬」舊作「生鳥，」兩「異」字舊皆作「與，」並從孫校改。

『此然是不然則俱』七字，當是上條文錯簡。今以意校刪。

釋　前條既言推類之要，本條卽繼言推類之不易，擧名有大小之一例而可知矣。如牛馬雖皆爲四足獸之一種，然四足獸不限於牛馬；四足獸其大名，牛馬則其小名。以此言之，則物盡異也。

三 **經** 物盡（?）（此字疑有誤。）同名。二與鬥，愛，食與招，白與視，麗與暴，（舊脫此字，孫據經說補。）夫與履。

說 物：（舊作爲。）**盡**（舊作讎。）同名。俱鬥不俱二，二與鬭也。包，（?）肝，肺，（三字疑有誤。）子，愛也。橘，茅，食與招也。白馬多白，視馬不多視，白與視也。爲麗不必麗【不必】（孫云：此二字衍。）麗與暴也。爲非以是不爲非；若爲夫勇不爲夫，爲屨（舊作衣，從孫校改。）以買**不**爲屨，夫與履也。

校 此條經及說皆難讀。經下每條皆有『說在……』一句，獨本條與次條無有，知必譌脫矣。大意言同辭異實之事物甚多，不可混也。孫注刻意校解，恐亦未盡愜；今從蓋闕。首句舊本作「爲糜同名」「爲糜」疑「物盡」之譌。

四

經一：偏棄之。……此下疑脫『說……』一句。

說一：一舊本合兩字作「二」。與一亡，不與一在。偏去。

校舊本作『二與一亡，不與一在。』注家曲爲之解，皆不可通。啓超案：「二」字當爲兩「一」字誤合成譌。上「一」字乃牒經標題之文，下「一」字則與下文連讀也。

釋「一」與「多」與「二」爲對待之名，必有二然後一乃可見，是「一」與「二」在也。對「二」而「一」之名始存在。無二之一，則等於零。故曰：『一與一亡，不與一在。』言僅有一則並「一」之名不能成立也。此義極精。與經上第六十條『倍爲二也』相對見意。

經說上四十六條釋「損」字云：『損偏去也者，兼之體也。』

第二條釋「體分於兼」云：『體若二之一。』此文「偏去」一二字，卽明此義。二爲一之兼，一爲二之體。（二爲全部、一爲一部。）今云「一」，「一」則是於兼相之中偏取其半耳。有所偏取，則是有所偏去也。

五

經謂：【而】（舊衍。）因（舊作固。）是也。說在因。

說謂：（舊作未。）有之（與此字通、舊譌作文、下同。）名也，而後謂之；無謂之名也，則無謂也【不若敷與美謂是則是固美也謂也則是非美】（此十八字乃下條之文、錯入此。）無謂，則假也。（假、舊作報、）

（從孫校、但孫義未愜。）

校 經文舊作「謂而固是也」。固字疑當作因。而字疑衍。

經說文首一字舊作「未」，「未」孫指爲衍文，又疑其當屬上條，皆非是。此乃牒經文「謂」字，音同譌爲「未」耳。

釋　謂有命，舉加，三義；皆因其固有之名以謂之也。故必有此名然後能謂，無此名則無從謂。『無謂則假』者，既無此名而窮於謂，只得假他名以謂之，此假借之字所由起也。如昔無郡縣，故無「令長」之名，乃假命令之令長幼之長以謂之也。

六　經　不可偏去而二。說在【見與俱】一與二見，（此字舊錯入上文。）廣與脩（舊作循、從孫校。）俱。（此字舊錯在上文。）

說　不：若敷（?）舉（舊本作與、以意校改。）美（?）；謂是，則是固美也；謂他，（舊本作也、從孫校改。）則是亦（舊本作非、以意校改。）美。見不見，離；一二【不】相盈。廣脩堅白。

校　經文舊作『說在見與俱一與二廣與循，』循爲脩之譌，從孫校改。但「見與俱」三字仍不詞。疑見字當在二字下，俱字當在脩字下，又衍一與字，姑臆校爲今本，未敢自信也。

經說文舊本『不若敷與美』以下十八字在上條。今案：「不」字爲牒經標題之文，當在本條句首。張孫等以「不若」二字連讀，誤也。但此條改動太多，未敢自信。

釋 此文蒙前條『一偏棄之』而舉其反面也。二爲一之兼，一爲二之體；可偏去者，則一也，體也；不可偏去者，則二也，兼也。何以不可偏去？其性質周偏於事物之全部，欲偏去而不能也。試泛舉一美字爲例：（原文「敷與美」三字不詞。孫破字爲「假與義」，牽強而難通。張解「敷與」爲「汜與」，汜即泛字，然所解亦未愜。今破「與」爲「舉」，如下文所釋，較近是。但終疑敷美二字皆譌文，未敢臆改耳。）如言此花甚美，指其香則香固美也，指其色則色亦美。色香同棲於此花兼體之中，不可分也。何以故？見不見離故。離麗也，謂所見者與所不見者相麗也。故舉一而與二相盈也。如一平面，廣與脩俱，（脩，長也。）不能離脩言廣，不能離廣言脩也。如石含堅白二性，既取此石，則不能云吾舍堅而取白或舍白而取堅也。

七

經不能而不害。說在害。

說不：舉重（舊本「不舉」二字倒寫。）不舉（舊作「與」，從孫校改。）鍼，（舊作「箴」，孫云：「鍼」之假借。）非力之任也。為握（？）者（二字疑有誤。）不（舊作「之」，疑誤。）觭偶，（舊作「頗倍」。孫云：疑當作「觭偶」。莊子天下篇云：「以觭偶不作之辭相應」，卽詭辯之意。）非智之任也。若耳目。

校舊本「不舉」二字倒寫。孫將「舉不重」三字連讀成句，釋為無重不舉，大誤也。此「不」字乃牒經標題之文，其正文則「舉重不舉鍼」，文義甚明瞭，餘並從孫校，

釋能舉百鈞之重而不能舉鍼，不害其為有力。何也？舉鍼，非

力之所有事也。不能爲觭偶不仵之辭，不害其爲智。何也？觭偶非智之所有事也。猶耳不以不能視爲害，目不以不能聽爲害。視非耳之任，聽非目之任也。故曰：『不能而不害。』

八

經 異類不比。（舊作吡。）說在量。

說 異：木與夜孰長？智與粟孰多？爵，親，行，賈，（賈即價字。）四者孰貴？麋與虎（舊作霍，從孫校。）孰高？【麋與霍孰霍】（此五字涉上句而衍。）蛃（通蚓）與蠶（舊作瑟，從孫校。）孰口？（舊作瑟，必誤，但不知爲何字。）

▣經說首句「異」字，張、孫皆以屬上條，讀爲「若耳目異」，非也。此字乃本條牒經標題之文，餘並從孫校。

釋 凡事物之異類者，不能持以比較。如云木長夜長；乃問此木與此夜孰長，此非所宜問也。爵言貴，所親言貴，品行言貴，價值亦言貴；若問父母之貴值錢幾何，寧非狂論？智之多寡，只當與智比，不能與粟比；櫜之高下，只能與櫜比，不能與虎比；皆同此理。

九

經偏去，莫加少。說在故。

說偏：俱一，無變。

釋加少，增減也。莫，猶無也。偏去者，二去一；然所去者一，所存者一，兩俱爲兼體中之一體，所函之屬性無變。故無增減也。兩皆如其舊，故曰：『說在故』。幾何公理所謂『各分之和等於其全量』也。

一〇經假必誖。說在不然。

說假：假必非也而後假。狗假虎（舊作霍，下同。）也，狗非（舊作猶氏。）虎也。

校兩虎字舊皆作霍。張校爲雀，孫校爲虎，今從孫校。「狗非」二字舊作「

猶氏。」孫謂狗假虎則以虎爲氏，太穿鑿可笑。猶字卽狗字之譌，氏字則草書非字形近而譌耳。

釋 小取篇云：「假也者，今不然也。」必其事物本非如此，然後有假設之詞。如云：「假使狗而爲虎，」則狗之非虎可知也。

一二 經 物之所以然，與所以知之，與所以使人知之，不必同。說在病。

說 物：或傷之，然也。舊注以「物或傷之」連讀成句，誤。見之，知舊作智。也。告之，使知也。

釋 身體有受傷處，病之所以然也，見其病，所以知也，以病狀告人，使人知也。

此條含義甚精。例如蒸熱之氣，遇冷而降，此雨之所以然也。

吾因偶有所見而明其理，是所以知也。設種種試驗使人共明其理，是所以使人知之也。所謂科學精神者．不惟知其所以然，又須使人知之。我國言學問言藝術，本已不甚求其所以然矣；再加以有所謂「能以意會不能以言傳」者．此科學之所以不昌也。

一三**經**疑：說在逢，循，遇，過。

說疑：逢，爲蠡（舊作務、從孫作校。）則土，爲牛廬者夏寒，逢也。舉之則輕，廢之則重，非有力也；柿（舊作沛、從張校。說文木部云：柿、削木札樸也。）從削，非巧也；若石羽，循也。鬭者之蔽（舊作敝。）也，以飲酒，若以日中，（孫云：日中市也。古名市爲「日中」見晏子春秋。）是不可知（舊作智。）也；遇（舊譌作愚。）也。知（舊作智。）與？以已爲然也與？過也。（過、舊作愚。蓋過字涉上文而譌爲遇、又再譌爲愚也。）

校 張以「疑說在逢」爲本條文，以「循遇過」三字屬下行之第五十一條。又將經說舉之則輕以下屬次條，皆誤。今悉從孫校。

釋 易文言傳云：『或之者，疑之也。』或如此，或如彼，未能斷定，謂之疑。事物之應懷疑而不可輕下武斷者有四種：一曰逢：見人摶土而弄，安知其非爲甕也；見有夏寒之廬，安知其非以畜牛也；在所逢而已。二曰循：同一物也，舉之而輕，置（置，廢也。）之而重，（例如車。）非關吾力大小，在能否順循其勢而已。三曰遇：吾見鬬者，知其蔽矣；不知因飲酒而蔽耶？因在市中受刺激而蔽耶？是當察所遇也。四曰過：以過去經驗爲憑，所經驗者爲真知耶？抑僅以已然者爲然耶？是未可定也。（本經第三十四條云：『或，過名也。』說云：『過而以已爲然』。）

一三 **經** 合與一，或復否，說在拒。

說合：（舊作若。）數指，指五而五一。

校本條經說八字，舊本在下條，首一字又作若。孫因謂本條無說。竊疑有錯簡，姑移以質來哲。

一四**經**區（舊作歐。）物一體也。說在俱一惟是。

釋指五，不一也。五而皆指，一也。

說區：（舊作俱。）俱一，若牛馬四足。惟是，當牛馬。數牛，數馬，則牛馬二；數牛馬，則牛馬一【若數指，指五而五一】。

校經文區，舊作歐。孫以屬下行之第五二條，謂『說在宜歐』爲句。張以屬本條，而云歐字或誤或衍。啓超案：張讀是也。但歐當爲區之譌耳。經說牒經標題之字作俱。俱區音近，又涉下文而譌。末八字，疑當爲上條之說，傳寫者因語氣相類，錯移於此。

【釋】凡體皆分於兼。『區物一體也』者，謂區類萬物，凡別相皆共相之一部分也。自其共相言則「俱一」，自其別相言則「惟是」。

一五【經】宇，或（同域。）徙。說在長（?）宇久。（長字衍，或宇疑譌。）

【說】【長】宇：（長字衍。）徙而有處，宇。宇，南北在旦又（舊作有。）在莫。宇徙，久。……

【釋】文似有譌脫，不易索解。大致言空間觀念乃相對的而非絕對的；常因所處而有變遷。「或徙」者，言區域移動也。「徙而有處」殆謂空間位置，以吾人所處爲標準。「宇徙久，」似言空間與時間之關係。此下似有闕文。莊子庚桑楚篇云：『有實而無乎處者宇也』與此文之『徙而有處』似相反而實相發。惟徙故可言無乎處，惟徙而有處，故可言有實也。

一六 **經** 無久與宇。堅白，說在因(?)。（因或當作盈。）

說 無：撫（此字舊脫。）堅得白，必相盈也。

校 此條及下條經文，舊本皆夾在論光學諸條之中；今依經說校其位次，宜移置此處。

此條經文不可解，經說之義，亦不與經相應，疑經後人點竄。嘗偏檢本經言堅白者共六條。內五條皆有疑點。（一）經上第六十六條，『堅白不相外也』與經說所釋，語意相反；「白不」二字，當爲妄人所竄入。（二）經說上第六十九條，『堅白之攖相盡：』「堅」字當爲「兼」字音近之譌，「白」字當衍。（三）經說下第六條，『廣脩堅白：』「堅白」二字，爲經文所無，與上下文亦不連貫。（四）本條經文及經說文：經文不可解，經與說義不相函。（五）經說下第二十五條，『鑑團景一不堅白說在·』下有闕文，原文文義不可解；經說中亦無堅白義。（六）經說下第三十八條，『堅白二也而在石：』惟該條義尚可通耳。墨經誠多難解處，然若此二字之屢見而皆發生疑問，寧非大奇？竊疑此諸條多非原文；或由公孫龍之徒竄入以借重其說，或後人見經中多論異同，謂所操必公孫龍輩之術，遂隨處添堅白二字，以致文義不可解。或者據此等字面，指此經爲龍輩所撰，則眞莠之亂苗也已。

舊本排次，『鑑團景一不堅白說在』一條，下隔十字，便接本條，而與本條同在上行。胡適乃割彼條下半與本條合爲一條。其文曰：『不堅白，說在無久與宇。堅白說在因。』以哲學上空間時間觀念解之，其理甚精眇可喜。雖然，恐非經之本意，且非經之本文也。本經從無一條中有兩個「說在」字樣者；故此兩文之「說在」不宜糅合。一也。經說「無堅得白」之「無」字，明爲牒舉經文「無久與宇」之「無」字，故「無久與宇」四字，不應與上文連。二也。胡說恐不能成立，本條終付諸不可解而已。經說首一字爲「無」字，乃牒經標題之文。但下文「堅得白」三字不詞。竊疑「堅」字上當脫一「撫」字，因涉上文「無」字，遂譌爲「無」後人見無無二字連疊不通，又妄刪其一耳。

釋 此條說與經義不相屬，故經文頗難索解。說文『撫堅得白必相盈也，』言石徧含堅白兩德，手撫此堅者，同時卽全得其白者，故曰相盈，公孫龍子堅白篇云：『無堅得白，其舉也二；無白得堅，其舉也二。……視不得其所堅而得其所白者，無堅也；拊不得其所白而得其所堅者無白也。』意義似與此文同。然彼云得白時則無堅，得堅時卽無白。義實與此相反，此其所以爲詭辯也。此文「無」字，實牒經標題之文，與下不連讀。今本作「無堅」或後人據詭辯家言竄易古經耳。

一七 經 推（舊作在。）【諸】（下文者字之譌。）其所然者於未然者，（舊本此兩字倒。）說在【於是】（於字當在上文，是字衍。）推之。（疑當作說在所推。）

說 推：（舊譌作在，下同。）堯善治，自今推諸古也。自古推之今，則堯不能治也。

校 經文舊作『在諸其所然未者然說在於是推之，』經說三推字，舊亦皆作「在。」張氏訓「在」爲「察，」孫氏破「在」爲「任。」啓超案：皆非也。在與推篆文相近；本是推字，損泐成譌耳。「諸」字乃「者」之譌，又錯倒在上；「未然者」錯倒爲「未者然；」「於」字又錯入下文；又衍一「是」一字；遂至不可讀。今以意逐正如右。

釋 自今推古，則推之於已然者也，無所用推。故推之作用，視所推何如，此言復古思想之非，亦是墨家特色。

一八【經】景不徙。說在改爲住。

【說】景：光至，景亡。若在，盡古息。

【校】舊本經文「住」字，與此條不屬，而在次條「景二」兩字之前，據通例：此條自當作『說在改爲，』次條自當作『住景二。』但次條經說牒經之文，乃「景」字而非「住」字，知彼條經文首字。必應爲「景」矣。而本條經說所釋，確有「住」義，然則住字當屬本條矣。

【釋】息，卽住也。盡古，猶言終古。光至景亡。言光至吾前時，其景已亡。蓋吾目中所接之影，並非原影也。若云前影猶在，則永遠在原處耳。試用照相鏡逐步照出，便知影不曾動。故曰：『景不徙，說在改爲住。』莊子天下篇：『飛鳥之影，未嘗動也。』卽此意。

【校】自本條至第二十六條，皆論光學。但經文序次有錯亂，文字譌奪更多。今以經說之牒經標題，釐訂其次，某說釋某經，略可考見。至其理之說明，則當俟諸專門家也。

一九 **經** 景二。說在重景到。

說 景；二光夾一光。一光者景也。景光與（舊作之、孫云：之猶與也。）人煦，（說文：煦，蒸也。）若射。下者之人也高，高者之人也下。足蔽（舊作敝、下同。）下光，故成景於上；首蔽上光，故成景於下。

校 舊本本條經文，當作『住景二說在重；』『景到』二字屬次條。但次條經說以「在」字牒經標題，故知彼經當從「在午」起也。本條經說，正釋「重景倒」之義。

二〇 **經** 在午有端與景長。說在端。

說 在：遠近有端與於光。故景𢉩（舊譌作庫、從孫校改。）內也。

二一 **經** 景迎日。說在轉。（舊譌作摶、從孫校改。）

說 景：日之光反燭人，則景在日與人之間。

二二 **經** 景之大小，說在杝（舊譌作地。孫云：依說當作杝。杝即迤之假借；斜也。）正遠近。

說 景：木杝，景短大；木正，景長小。大（?）（孫云：當作光。）小於木，則景大於木，非獨小也，遠（?）近。

校 遠近二字疑衍，或上文有脫，舊注以屬下條，以「遠近臨鑒」爲句，非是。

「臨」一字爲下條牒經標題之文，必爲每條首字，此例當嚴守。

二三 **經** 臨鑑而立，景到，（同倒。）多而若少。說在寡區（?）。（二字疑有誤。）

說 臨：正鑑，景寡。貌態（舊作能。）黑白，遠近，杝正，異於光。

校 舊注將次條牒經標題之鑒字屬本條，讀爲「異於光鑒，」非是。

二四 經 鑑位(?)，孫作「立」。云：當 景一小而易，一大而正。說在中之內外。

說 鑑：此字屬上條、孫以是。非 景當俱就，去尒(?)。孫云：當作亦。 當俱。俱用北(?)。孫云：當作比。 鑒者之臭(?)，孫云：當作具。 於鑒無所不鑒。景之臭(?)無數，而必過正。故其同處，其體俱然鑒分。鑒中之內。鑒者近中，則所鑒大，景亦大。遠中，則所鑒小，景亦小，而必正。起於中緣正而長其直也。中之外，鑒者近中，則所鑑大，景亦大。遠中，則所鑑小，景亦小，而必易。合於中而長其直也。

二五 經 鑑團，景一口而口，口一口而口〔不堅白〕說在……。

說 鑑：鑒者近，則所鑒大，景亦大；其遠，所鑒小，景亦小，而必正。景過正故杝。舊作「故招」。

校本條經文舊作『鑑團景一不堅白說在，』其必有譌脫無疑。孫氏分之爲兩條，云皆無說。胡氏將「不堅白說在」五字歸併第十六條，讀爲『說在無久與宇。』啓超案：皆非也。此文『鑑團景一……，』與前條之『鑑立景一……，』文例正同。前條云：『景一小而易一大而正，』本條亦應云：『景一□而□一□而□。』言立則若彼團則若此也。「堅白」二字必爲此「一」字或「而」字下所佚字之譌文。惜經說亦有譌脫，無從據以校得耳。

經說與前條文什同八九，疑有誤。

末句「故」字下一字，舊作「招，」畢張孫皆以屬下條，讀『招負橫木』爲句。啓超案：非是。「招」乃「杝」之譌耳。

釋右八條皆論光學。

二六經負（負舊作貞。）而不撓，說在勝。

說負：衡（同橫。）木加重焉而不撓，極勝重也。（說文云：「極，棟也」。）屋棟爲橫木、引申之、凡橫木通謂之極。右校（？）（孫云疑當作標。）交繩，無加焉而撓，極不勝重也。

校經文「負」舊作「貞」。孫據經說校改，是也。經說「負」字上舊有一「招」字，孫破爲「橋」，訓爲橫木，大誤。「招」乃「杝」之譌，應屬上條。「負」字乃本條牒經標題之文也。

二七經口（此字原文作「天」、必誤、據說似當作衡。但天與衡形、聲俱遠、未敢臆改。）而必正。說在得。

說衡：加重於其一旁，必垂。（舊作捶。）權重相若也，相衡則本短標（末也。）長。兩加焉，重相若，則標必下；標得權也。

二八經挈與收反。（舊作契與枝板、從孫校改。）說在薄。

說挈：有力也，引無力也，不正。所挈之止（？）孫云：疑當作正。於施（？）孫云：疑當作杝。也。繩制同掣挈之也。若以錐刺之。挈，長重者下，短輕者上；上者愈得，下【下】此字衍。者愈亡。繩直，權重相若，則正矣。收，上者愈喪，下者愈得。上者權重盡則遂孫云：同墜。挈。

二九 **經**倚者不可正。說在梯。舊作剃、從孫校改。

說倚：倍拒堅䑶倚焉則不正。此十字舊本在本條之末、今按例當移於此。但文亦謅脫雖校、倍字當爲倚字之謅、拒堅䑶三字、皆當有誤。爲轜，車梯也。重其前，引舊作弦、從孫校、下同。其前；載引其前，載引弦其軲，而縣重於其前，是梯。挈且挈則行。凡重，上弗挈，下弗收，旁弗刼。則下直。杝，或害之也，汖古流字。梯者不能汖，直也。今也廢置也。石舊謅作尺、從孫校改。於平地，重不下，無踦（舊作蹄、從孫校。）若夫繩之引軲也，是猶自舟中引橫也。【倚倍拒堅䠶倚焉則不正】（此十字當移前。）

三〇【經】柱（舊作推、從孫校。）之必住。（舊作往、從孫校。）說在廢材。（廢、置也。材、木也。言置木於地。）

【說】柱：（舊譌作誰、以意校改。）跰石絫石耳(?)。（此六字、舊法皆以屬前條、非是。絫石正與下文相衡。柱字乃腜經標題、耳字疑有誤。）夾寷者柱（舊作法、從孫校。）也。方不去地尺，關石於其下，縣絲於其上，使適至方石，不下，柱也。膠絲去石，挈也。絲絕，引也。未變而石（舊譌作名、以意校改。）易，收也。

【校】末七字孫氏以屬下條，非是。孫蓋因有變易等字，疑為指物價耳。不知收也與柱也挈也文法正同：名字乃石字之譌耳。經說之例，每條首字。必為牒經標題。故必自「買」字以下乃屬下條，無可疑也。

釋　右四條皆言重學。右十八條，自審學力不足以釋之，故不強爲釋。所校亦未精，僅采舊說耳。世有達者，疏通證明，實愜所望。

三一　經　買無貴。說在仮（同反）。其賈（同價）。

說　買：刀糴相爲賈。刀輕則糴必（舊譌作「不」，以意校改，下同）貴，刀重則糴必易。王刀無變，糴有變。歲變糴則歲變刀。若鬻子。

釋　以下兩條皆論經濟學，此條論價格之真義。刀，指泉刀；王刀，謂國家所定之貨幣。易，輕也；輕也者，賤也。刀糴相爲買者，謂貨幣與穀物互相爲價也。一方面以貨幣易穀物，則見爲穀物之價；一方面以穀物爲貨幣，則見爲貨幣之價。常人只知有物價，不知有幣價，陋也。幣價賤則物價必貴，幣價貴則物價必賤。常人但言百物騰踴，不知爲幣之損其值也。貨幣之名價雖無變，而物價隨時而變；物價遞年不同，卽貨幣之實價遞年有升降也。「若鬻子」者，張云：如子母相鬻，子常權母，是也。

三二 **經** 賈宜則讎。同售。說在盡。

說 賈：盡也者，盡去其所舊據下脫此文補。字、以不讎也。其所以不讎去，則讎；正賈也。宜不宜，在舊上文作而正、疑涉譌。欲不欲。若敗（？）邦此疑有二字誤。鬻室嫁子。

釋 此論價値之所以成立。物之正價以何爲標準？亦視主觀的需要之程度何如耳。或對於貨幣之需要不甚迫切，或對於所有物不肯割捨，此所以不售之原因也。此種原因去，則售之。故價之宜不宜，不存乎所售之物之本身，而存乎售者之欲與不欲。若賣屋，若嫁女，（古代婚嫁，多含買賣性質，今僻鄉陋俗猶然。）既自願售之，則所售之價，卽價之宜者矣。

右兩條雖未能盡價値之原理，然所發明者已極深邃。二千年前之經濟學說能如此，求諸他書，未之見也。

三三**經**無說而懼，說在弗必。（舊譌作心、從孫校改。）

說無：子在軍不必其【死】（此字涉下而衍。）生，聞戰亦不必其死。（舊作生、涉上而譌。）前也不懼，今也懼。

校張、孫皆以在軍以下屬本條，以無子二字屬上條。上條「嫁子無子」既不成文，此條在字上無主詞，語意亦不完。兩君蓋未知凡經說每條首一字必爲牒經標題之文，不許與下連讀。但覺「無子在軍」不可解耳。今照此句讀，釐然適當。餘從孫校。

釋此條論心理作用，頗極精到。

三四　**經**或，（同惑。）過名也。說在實。

說或：知是之非此也，有（同又。）知是之不在此也；然而謂此曰此，（舊作南北、北字因形近而譌，南字涉下條而譌。）過，而以已爲然。始也謂此南方，故今也謂此南方。

校「謂此曰此，」舊作「謂此南北。」北字形近而譌，南字又涉下文而譌也。

釋或，迷惑也。過，錯誤也。名實舛錯謂之惑。故曰：『或，過名也。』公孫龍子名實篇云：『夫名實，謂也。知此之非此也，知此之不在此也，則不謂也。』義正與此同。知此非此，而猶謂此曰此，是過也。過者不自知其過，恆以已事爲然，故謂之惑。如本非南方，始既謂爲南，則習非成是矣。

三五 **經** 知知之。名（舊作否。）之所（舊作足。）用（訓以。）謂也。【諄】（謂也舊作諄。）說在無以。【也】（舊衍。）

說 知：（舊作智、下同。）論之非知無以也。

校 「名之所用謂也」舊作「否之足用也諄，」皆涉形近而譌，復有倒置。末「也」字涉經說而衍。

釋 此條言名稱由經驗而得，吾人智識之所知，則名之所由起也。經說上云：『所以謂，名也。』（第八十條。）卽其義。『論之非知無以，』卽經說上第六條『以其知論物』之義。

三六 **經** 謂辯無勝，必不當。說在辯。

說 謂：所謂，非同也，則異也。同，則或謂之狗，其或謂之犬也。異，則或謂之牛，其（舊作誷牛。）或謂之馬也。俱無勝，是不辯也。辯也者，或謂之是，或謂之非，當者勝也。

釋此條文義易明。辯之有勝無勝，在當時成爲學術界一重要問題。若莊子，卽主張「辯無勝」一者也。齊物論篇云：『辯也者有不見也。』又云：『我與若辯，若勝我，我不若勝，若果是也？我果非也耶？我勝若，若不吾勝，我果是也？而果非也耶？其或是也，其或非也耶？其俱是也，其俱非也耶？……吾誰使正之？使同乎若者正之，既與若同矣，惡能正之？使同乎我者正之，既同乎我矣，惡能正之？使異乎我與若者正之，既異乎我與若矣，惡能正之？使同乎我與若者正之，既同乎我與若矣，惡能正之？』此卽絕對懷疑派的論調。謂天下無真是非，辯徒枉用耳。荀子正名篇云：『夫辯執焉用也哉？』亦是此意。莊子所談名理，多屬於智識範圍以外。墨子乃實用主義派，以智識爲道德之標準，故認辯爲必要，且謂辯之效力必能得真是非。此與近世之科學精神最近矣。

『說在辯』云者，謂主張「辯無勝」之人，先自與人辯矣。卽如莊子持此義以難墨子，莊子之言而當，則莊子勝矣。安得謂辯無勝耶？

三七 **經** 無不讓也，不可。說在殆。舊作始，下同。

說 無：讓者，酒不讓。殆也，不可讓也。若殆於城門與於臧也。此九字今本錯在第五四條之後。

校 兩殆字舊皆作始。孫據荀子楊注釋明「殆」義而校正之，且將「若殆於城」句校移此處，是已。但孫以「無讓者酒」爲句，非是。孫忘卻「無」字爲牒經標題之文耳。今校正句讀如右。

釋 雖好讓者，其於酒則不讓，然則非無不讓也。殆者，荀子榮辱篇云：『巨涂則讓，小涂則殆。』楊注云：『殆近也。』行而爭先曰殆。行路以讓爲禮，城門狹，斯殆矣；與臧僕偕行，則亦殆矣；皆以不可讓故也。經說上第三十八條云：『不在禁，雖害無罪。若殆。』卽此義。

三八 **經** 於一，有知焉有不知焉。說在在。（舊作存、亦通。）

說 於：石一也；堅白二也，而在石。故有知（舊作智、下同。）有不知焉，可【有指】（此二字下條之文。錯入此。）子知是，有（同又。）知是吾所先舉，重。則子知是，而不知是（此字今本錯在下。）吾所先舉也【是】，一。

校 說首「於」字，牒經標題。張孫皆讀「於石」爲句，誤也。張以「有指」下二十七字皆屬下條，似非。此文正申說「有知焉有不知焉可」也。但「有指」二字則錯文耳。

釋 石，一物也；堅與白，二物也，而皆爲石所函。手拊堅而不得白，目視白而不得堅；故謂有知有不知，其說可成立也。子知此白者是石，又知吾前此所舉之堅者卽此石，所謂重也。經說上第八十七條云：「二名一實，重同也」。子知白者此石，而不知吾先所舉堅者卽此石，所謂一也。

三九 **經** 有指，於二而不可逃。說在以二參。舊作絫，孫云：當作參。參，三也。

說 有：指，此二字舊錯入上條。謂。「指、謂」，猶言「指者、謂也」。【有智焉有不智焉可】此八字涉上條而衍。若知舊作智，下同。之，則當指之知告我，則我知之。兼指之，以二也；衡指之，參直之也。若曰：「必獨指吾所舉，毋指舊作舉，涉上下文而譌。吾所不舉」則是舊作者。固不能獨指，所欲指舊作相，形近而譌。不傳，意若未恔，舊作校，形近而譌。且其所知是也，所不知是也，則是知是【之】不知也，惡得爲一。謂，而有知焉有不知焉。

釋 指者何？指而謂之也。子知白，則請指出此所知之白以告我，此所謂指也。今指此白物耶？然堅卽函於其中，是指一而及二也。且所指爲白而堅之石，是指一而及三也。（直所謂『參也』。）若曰：吾只許汝指白，不許汝指堅；則堅白本相盈，離堅而白不能以獨指焉。是所欲指者爲何，卒不能傳出，於意終不愜也。且所知者白而所不知者堅，則是一已知一未知也。明明二也，惡得爲一。故曰：『以二三』。

四〇 經 所知而弗能指。說在【春也】（此二字涉經說而衍。）逃臣狗犬貴（？）（依經說當作遺。）者。

說 所：知（舊作春。乃智之譌。）也，其埶（卽勢字、舊作執、形近而譌。）固不可指也。逃臣不知（舊作智、下同。）其處；狗犬不知其名；遺者，巧弗能兩（？）（孫云：當作罔、罔卽網羅之網。）也。

校 經說首三字，舊作「所春也。」張引第五十一條「春也得之又死」爲釋。彼文已自有譌，安足徵引？啓超案：經說知字皆作智，此春字乃智字之譌耳。所字乃牒經標題之文。經文中「春也」二字，又涉經說而衍耳。餘並從孫校。

四一 經 知狗而自謂不知犬，過也。說在重。

說 知：舊作智，下同。知狗者吳鈔本有者字，孫刪之，非是。重知犬，則過。不重則不過。

釋 明明知之而無從指之。如知有逃臣而不能指其逃在何處；知有狗犬而不能指出其名，知有遺失之物，然雖巧亦不能網羅而求索之也。

釋 犬未成豪曰狗。爾雅文。既其此物爲狗，則必已先知何物爲犬，然後在犬之中別出其未成豪者命之曰狗也。今曰：吾知狗矣而不知犬，是知狗之後須重新再加研究乃知犬，安有是理？是過也。何也？狗犬二名一實，重也。（經說上八十六條文。）若知牛而自謂不知馬，則不過。何以故？不重故。

四二 **經** 通意後對。說在不知其誰謂也。

說 通：問者曰：『子知驘（畢云：即羸字。說文云：『羸、驢父馬母者也』。）乎？』應之曰：『驘，何謂也？』彼曰：『驘施（？）』（『驘、施』。謂：『驘者、施也』。「施」字疑有誤、或是俗語。）則知（舊作智、下同。）之。若不問『驘何謂』，徑應以『弗知』，則過。且應（？）必應問之時若應長應有深淺大常中在兵人長（？）【所】

校 舊注以「通問」連讀，非是。「通」字乃牒經標題也。自且字至長字，中間譌衍甚多，無從校釋。張氏以「長所」斷句。孫氏以「大常中在」斷句。胡氏以「大常中」斷句。皆誤。「所」字乃下行第四十三條「所存與存者」之說，「所」字乃牒經標題之文。故知本條之說，應至長字而止。但其文義未能索解耳。

釋此亦教人以求智識之法。言當對於所研究之對象，先求知其所謂，然後研究乃可得施也。

經下之下

經說下之下

四三 **經** 所存與存（此字舊脫，從張校補。）者，於（音烏。）存與孰存，【駟】（此字衍。）異。說在主。（此二字舊脫，從張校補。）

說 所：室堂，所存也。其子，存者也。據存（舊作在。）者以問所存；問室堂，惡（音烏，即經文之「於」字。）【可】（此字衍。）存也。主室堂以問存者，孰存也。是一主存者以問所存；一主所存以問存者。

校 孫氏謂本條經文僅「所存與存者於存與孰存」十字，而將「駟異說」三字屬諸上行第二條，又將「駟」字破爲「四足牛馬」四字。啓超案：孫說大誤。本篇每條皆有「說在……」一句，張氏謂「駟」字衍，「異」字屬上讀，而「說」字下脫「在主」二字，甚是。今從之。

經說「室堂」前有一「所」字，爲牒經標題之文，據此可知本條之說，確從此字起。上文譌脫太多，諸家任意割截，未達此例耳。

釋此條論主詞之用法。如云：『其子在室，』「其子，」在者也，「室」所在地也。問「其子安在？」是「惡存」也；問「在此室者何人？」是「孰存」也。所主異而辭因之以異。

四四經五行毋常勝，說在宜。（同無。）

說五：合水土火，（？）火離然。火鑠金，火多也。金靡炭，金多也。合之府水，木離木。若識麋與魚之數，無所利。（？）

校經說句首「五」字牒經標題。舊注皆以與下「合」字連讀，非是。（末十字，孫以屬下條，非是。）

釋經說本條有譌奪，未敢强校。勝者貴也。或以五行生剋說解之，非是。生剋說出鄒衍以後，墨子時無有。孫子虛實篇云：

『故五行無常勝，』卽引此經之文，古書除公孫龍子外，引墨經者絕少。因此亦可證孫子非孫武著也。

四五 **經** 無欲惡之爲損，益也。說在宜(?)。此上字疑涉而譌。

說 無：欲惡，傷生損壽。說以少連，是誰愛也？嘗多粟，或者欲有不能傷也。若酒之於人也。且恕人利人，愛也則唯恕弗治也(?)。

校 張孫皆以前文「若識麋與魚之數無所利」十字屬本條，誤也。「無」字牒經標題，故此條必應從此字起。自「說以少連」至末，中多譌文，未敢強校。

釋 經上第二十五條云：『平，知無欲惡也。』損，如老子『爲道日損』之損。無欲惡者，將人性所本有之欲惡而去之，則是損也；而不知正所以爲益也。此條頗近道家言。在墨經中爲別義。

四六 經 損而不害。說在餘。

說 損：飽者去餘。適足不害飽能(舊錯倒作能飽。)害。若傷(?)麋(?)之無脾(?)也。(傷麋脾三字疑有誤。)且有損而后益【智】(此字涉下者字而衍。)者，若瘧(即瘧字。)病人(舊作之。)之於瘧也。

校 舊讀「損飽者」爲句，誤。「損」字牒經標題。不應連讀。舊本「飽能害」作「能飽害，」孫破「能」爲「而」。啓超謂此錯倒耳；不必破字。餘並從孫校。

章炳麟以末句屬下條，非是。下條當以牒經標題之「知」字爲斷。

釋 此條申前條之義，以明損實非損。

四七 經 知而不以五路。說在久。

說 知：(舊作智，下同。)以目見，而目以火見，而火不見，惟以五路知。久，不當以目見，若以火見。

校 此文末句見下有火字，孫讀「以火見火」爲句，張讀「若以火」爲句，皆非是。彼火字乃下條之牒經標題。

釋 五路者，五官也。官而名以路者，謂感覺所經由之路。若佛典以眼耳鼻舌身爲五入矣。人之得知識，多恃五路；荀子所謂「緣天官」者是也。例如見火，目爲能見；火爲所見，火與目離，火不能獨成見也。此之謂『惟以五路知。』雖然，亦有不以五路知者，例如「久」是。久者，時間也。（經說上第四十條云：久合古今旦暮。）吾人之得有時間觀念，全不恃五官之感受；與以目見火不相當。時間觀念，純由時間相續而得來。吾人因時間而知有時間，若以火見火也。

四八 經 火（舊作必。）熱。說在頓(?)。（頓字疑有誤、孫云：當作覩。）

說火：（此字舊注以屬上條，非。）謂火熱也，非以火之熱我有。

若視白。（舊作曰。）

校　經文「火」字舊作「必」。孫謂形近而譌，是也。但彼又謂火下仍脫「不」字，則非。

今直行本經說「若以火見火謂火熱也」九字連寫，諸家讀法互異。張以「見火」二字屬本條，孫以「見火」二字屬上條，皆未明牒經標題之例耳。今校正。

末五字諸家皆以屬下條，非是。下條牒經之字，必當爲「知」也。「白」舊作「曰」，損泐成譌。

釋　吾人謂火爲熱，不必以手觸火身受之（我有卽身受之意。）而始知其熱也。亦若視白卽知爲白耳。此條言兩種觀念之連絡，全恃記憶。

四九 經知其所【以】（此字涉下而衍。）不知。說在以名取。

說知：（舊作智，下同。）雜所知與所不知而問之，則必曰：「是所知也是所不知也」取去俱能之，是兩知之也。

釋能知事物之某部分爲我所不知，則是自知其所不知矣。能自知其所不知，是求智識之一要諦也。本書貴義篇云：今瞽者曰：『鉅者白也，黔者黑也』雖明目者無以易之。兼白黑使瞽取焉，不能知也。故我曰瞽者不知白黑者，非以其名也，以其取也。』可作本經注腳。觀此，亦可知「知其所不知」之非易易矣。

五〇 經無不待有。說在所謂。

說無：若無馬，（舊譌作焉，從孫校改。）則有之而后無。無天陷，則無之而無。

釋「無」有待有者，有不待有者。如云「無馬」必先曾有馬也。如云「無天陷」則本來絕無此事也。

五一 經 擢(?)慮不疑。說在有無。

說 擢：疑無(?)謂也。（無謂二字疑有誤。）臧也今死，而春(?)（疑有誤。）也得之(?)又（舊作「文文」。）死也，可。

校 此條有譌誤，不易解。疑「擢」字或爲「推」字之譌。「之又」二字，舊作「文文」，從胡校改，但仍未愜。

釋 慮，求也。（經上第四條文。）「擢」或爲「推」之譌。「推慮不疑」者，言推所以求不疑也。但似亦未愜。胡適引說文：『擢，引也。』謂「擢」卽小取篇之所謂「援」；卽推論之意，亦可通。

五二 經 且然，不可正而不害用工(?)（此二字有誤。）說在宜。

說 且：猶是也。且然，必然。且已，必已。且用工而后已者，必用工而後已。

釋 有難解處，但似無甚精義。

五三 經 均之絕不。(同否。)說在所均。

說 均：髮均縣，輕重而髮絕，不均也。均，其絕也莫絕。

釋 此條言力學之理。列子湯問篇亦有此文，張湛注云：『髮甚微脃而不至絕者，至均故也。今所以絕者，由輕重相傾有不均處也。若其均也，寧有絕理。』所釋甚當。

五四 經 堯之義(同儀。)也，生於今而處於古，而異時。說在所義。

說 堯：【霍】(此字衍。)或以名視(同示。)人，或以實視人。舉彼(舊作友。)堯(舊作「富商」二字。)也，是以名視人也。指是虎(舊作臛、凡本書虎字皆譌為霍、又加月旁成重為耳。)也，是以實視人也。堯之義也，是

聲生（舊作「也」，涉上文而譌。）於今，所義之實處於古。〔若殆於城門與於臧也〕

校　堯字牒經標題，䨓字涉下文而衍。「舉彼堯也，」舊作「舉友富商也。」「友」字乃「彼」字損泐成譌。「堯」字上半與「畗」近，下半與商字之「儿」近，故譌而成兩字。䨓當作虎，從孫校。末九字乃三十七條之文，錯在此。從孫校删移。

釋　「義」同儀。儀，法也，模也，象也。非命篇云：『不可不先立儀而言。』明鬼篇云：『察知有與無之爲儀者也。』詩之『儀刑文王，』易繫辭之『擬儀以成其變化，』皆卽此儀字。是抽象的概念之意。持以讀本條，全文可解。

五五　經　狗，犬也。而殺狗非殺犬也，可。說在重。

說　狗：狗，犬也。謂之殺犬，可。若兩䏶。

釋狗不過犬之一種，故殺狗可謂之非殺犬。狗爲犬之一種，故殺狗可謂之殺犬。兩腕義未詳。

五六經使殿美。說在使。（殿美二字有誤。）

說使：令使也。我使我我不使亦使我殿戈亦使殿不美亦使殿。（此條譌誤不可讀。）

五七經荆之大，其沈淺也，說在具。

說荆：沈，荆之貝也。則沈淺非荆淺也。若易五之一。（此條亦難校釋。）

五八經以檻爲摶，於以爲無知也。說在意。

說以：檻之摶也而見之，其於意也不易，先智意相也。若檻輕於秋，其於意也洋然。（此條亦難校釋。）

五九經意未可知。說在可用過仵。

【說】口（應有牒經標題字，今佚。）段椎錐俱事於履，可用也。成繪屨過椎與成椎過繪屨同，過仵也。（此條亦難校釋。）

【釋】凡墨經意字，皆當讀爲億度之億。

六〇【經】一少於二而多於五。說在進。（進舊作建。）

【說】一：五有一焉，一有五焉，十，二焉。進，前取也。（此四字舊本錯入下條。）

【校】經文進，舊作建。孫云：建疑進之誤，是也。說文舊作「五有一焉一有五焉十二焉」，孫云：「十二焉」疑當作「十二五焉」，謂一十有二五也。今以意校正如右。「進前取也」四字，舊在次條「斱半」二字下，今案：此句正釋「說在進」之義，宜移此。

【釋】張云：五析之則有一者五，是一少於二也。建一以爲一十，則有五者二，是一多於五也。啓超案：張說是。但建當爲進耳。此言數目之觀念，乃相對的而非絕對的也。但其論證已鄰於詭辯矣。

六一 **經** 非半不斵則不動。說在端。

說 非：斵半【進前取也】（「進前取也」四字，前條之文，錯入此處。）前，則中無爲半。猶端也。前後取則端中也。斵必半。無與非半，不可斵也。

校 首三字，孫云：當作「斵非半」，誤也。「非」字乃牒經標題。

釋 莊子天下篇云：「一尺之棰，日取其半，萬世不竭。」釋文引司馬彪云：「若其可析，則常有兩；若其不可析，其一常在。」即此義也。端者，點也。前後雙方斵取，則其點必在中，故斵半則中無動也。無，不可斵。何以故？其一常在故。若並此一而無，則無以爲斮也。非半，亦不可斮。何以故？常有兩故。旣斮至無兩，則不復能斮也。此條論物之分析，陳義甚精。

六二 經 可無也，有之而不可去。說在嘗然。

說 可：【無也】二字衍。已然舊作給，下同。則嘗舊作當。然，不可無也。久，有窮無窮。

校 經說「可」字牒經標題，「無也」二字疑涉經及下文而衍。舊注以「可無也」三字爲句，非是。末五字孫謂當在六十四條，非是。餘並從孫校。

釋 凡物自始未嘗有者，可以謂之無。旣嘗有之矣，則今雖無，而昔之有者不可去也。故不能謂之無。例如時間久、時間也。一逝不留，似有窮矣，似無矣；然正惟因時間之過去，始構成時間觀念，是過去之時間並不滅也，無窮也，有也。此與科學物質不滅之理，及佛典業力相續藏識常在之理，皆相發明。

六三 經 正而不可搖。（舊作擔、從孫校改。）說在轉。（舊作摶、以意校改。）

說 正：丸，（舊作九。）無所處而不中縣（同懸。）轉也。

校 經說正字牒經標題，丸舊作九，孫校爲丸，是也。但孫以「正丸」爲句，「中縣」爲句，皆非是。

釋 彈丸隨處皆爲中心。虛懸而轉故也。

六四 經 宇進無近。說在敷。

說 【傴】宇：區，（舊譌作傴，又錯倒。）不可偏（舊作偏、字通。）舉，宇（舊譌作字。）也。進，行者先敷近後敷遠。行者【行者】（此二字衍。）必先近而後遠。

釋 區者，幾何學所謂面也。充面積之量至於不可偏舉，謂之宇。進者，行也。此文兩「行者」義不同。上句指能行之人謂之行者，下句指被行之宇謂之行者，公羊傳云：『伐者爲客，伐者爲主。』上「伐者」指伐人者，下「伐者」指被伐者，與此文文例正同。凡行路者先至近而後至遠，（敷、布也。即至義。）故所行之路亦先近而後遠也。此言空間遠近的觀念不過相對的其實無所謂近遠也。立乎後至之處，則强指先至者爲近耳。故曰：『宇進無近。』

六五 **經** 行脩（舊作循。）以久。說在先後。

說 行：（此字錯入上條、又衍一「者」字成「行者」。今删彼移此。）遠近，脩也。先後，久也。民行脩必以久也。

六六 **經** 一法者之相與也盡，若方之相合也。說在方。

說 一：（此字牒經標題，舊注以「一方」連讀，非是。）方盡類（舊作貌盡。）俱有法而異。或木或石，不害其方之相合（舊作台。）也。盡類猶（同由。）方也物俱然。

校 盡類字合字，從王引之校。

釋 法所若而然也。（經上第七十條文。）若鑄物之有范也。凡同出一范者，形必盡同於其范。故曰：『一法者之相與也盡。』例如同一方形之物，或以木造，或以石造，質雖異而形必相合。

六七 經 狂舉不可以知異。說在有不可。

說 狂：牛與馬雖異，以牛有齒，馬有尾，說牛之非馬也，不可。是俱有，不偏有偏無有。牛（舊譌作曰。）之與馬不類，用（猶以也。）牛有角，馬無角，是類不同也。若舉牛有齒（舊譌作角。）馬有尾（舊譌無角。作）以為是類之不同也，是狂舉也。猶（同由。）牛有齒馬有尾，或不非牛而非牛也，可；（孫本無此字，據明嘉靖癸丑本校增。）則或非牛或牛而牛也，可。故曰：『牛馬，（?）非牛也』未可；『牛馬，（?）牛也』未可。則或可或不可。而曰『牛馬(?:)，牛也』，有（舊作未。）可有（舊作亦。）不可。

校　經說首句，舊本作「牛狂與馬惟異。」「惟」乃「雖」之譌。經上第十一條「己雖爲之，」「雖」亦譌作「惟」也。「牛」「狂」二字錯倒。「狂」字牒經標題，「牛」字以下，乃正文也。張惠言謂「牛狂」當作「狂牛，」甚是。俞樾孫詒讓駁之，乃云狂惟二字皆性字之譌，讀爲「牛性與馬性異，」眞郢書燕說矣。末段三「牛馬」字疑皆涉下條而衍。本條未論到「牛馬非牛」之問題。

釋　所舉不當，謂之「狂舉。」公孫龍子通變篇云：『無以類審，是謂亂名。是謂狂舉。』即此義也。此言辨物之異，須舉其屬性特異之點。牛之所以異於馬者，非以其有齒也，以其有角也；馬之所以異於牛者非以其有尾也，以其無角也。何也？牛固有齒，馬亦有齒也；馬固有尾，牛亦有尾也。如辨孔墨異同，而云：『孔子著書，墨子講學，』是不足以明孔墨之異也。云：『孔子尊樂，墨子非樂，』則足以明其異矣。

六八 **經** 牛馬之非牛，其名不（舊作「與可之」、疑形近而譌。）同。說在兼。

說 牛：（舊作且、疑傳寫者妄改。）牛不二，馬不二，而牛馬二；則牛不非牛，馬不非馬，而牛馬非牛非馬，無難。

釋 本篇第十四條云：『數牛，數馬，則牛馬二；數牛馬則牛馬一。』與本條互相發明。經上第二條云：『體分於兼也。』「牛馬」爲兼名，「牛」爲體名，故曰「牛馬非牛，」其說無以難。

六九 **經** 彼彼此此（舊作「循此循此」。兩「循」字皆「彼」字之譌，又錯倒相間。）與彼此同。說在異。

說 彼：正名者，彼此。彼，此，可：彼（動詞）。彼止於彼，此（動詞）。

此止於此。彼（動詞。）此，不可：彼且此也，【彼】此亦可彼。（舊本彼倒錯。）【彼此止於彼此】（此六字疑涉上而衍。）若是而彼（動詞。）此也，則彼亦且此（動詞。）此也。

釋 公孫龍子名實篇云：『正其所實者，正其所名也。其名正則唯乎其彼此焉。謂彼而彼不唯乎彼（不唯乎彼、猶言不限於彼。）則彼謂不行；（彼謂不行、猶言彼之名不行。）謂此而此不唯乎此，則此謂不行。其以當為當也，不當而亂也。故彼彼當乎彼，（彼彼者、謂指彼為彼也。）則唯乎彼，其謂行彼；（猶言其名行於彼。）此此當乎此，則唯乎此，其謂行此。其以當而當也；以當而當，正也。故彼止於彼，此止於此，可。彼此而彼且此，（言以此為彼。）此彼而此且彼，（言彼變為此。）不可。』是此條注腳。

七〇 經 唱和同患。說在功。

說唱：無過，無所周（？）；（疑當作用。）若粺。和無過，使也；不得

已。唱而不和，是不學也，**知**（舊作智、下同。）少而不學，**功**（從孫校增。）

必寡；**知**多（從孫校增。）而不教，功適息。使人奪人衣，罪

或輕或重；使人予人酒，**功**（以意校增。）或厚或薄。

釋 此條義未詳。

七一 **經** 聞所不知若所知，則兩知之。說在告。

說 聞：在外者，**所知也**；在**室者**，（此六字舊本闕、推語意校補。）**所**

不知也。或曰：「在室者之色若是其色，」是所不**知**（舊作

智、下同。）若所**知**也。猶白若（訓與。）黑也，誰勝？（訓當。）**若是**（舊作是若。）

其色也若白者，必白。今也**知**其色之若白也，故**知**

其白也。夫名，以所明正所不**知**，不以所不**知**疑所

明。若以尺度所不**知**長。外，親**知**也。室中，說**知**也。

釋『以所明正所不知，不以所不知疑所明。』此求真智識之第一要義也。例如據達爾文之種源論，可以糾正「上帝七日造成人物」之說。何也？物種嬗變，有種種事實陳乎吾前，吾所明也。卻不能據舊約全書疑生物之進化。何也？上帝之事，非我所能知也。有生必有死，吾所明也；服食求神仙，以所不知疑所明也。勤儉可以不貧，吾所明也。占命相以卜貧富，以所不知疑所明也。

此文室中室外之喻，謂求智識者當以所已知者爲基礎，而以求同求異之法推見其所未知者。如知在外之馬其色白，聞室中之馬與此同色，則知其必亦白；若聞其不同色，則知其非白也。

「親知」「說知，」義詳經說上第八十條。親知，用歸納法而得知識也；說知，用演繹法而得知識也。本條言歸納演繹之交相爲用也。

七二　經　以言爲盡誖，誖。說在其言。

說　以：（孫以「以誖」連讀、非。）誖，不可也。出入（孫云：此二字當從下文作「之人」、非是。）之言可，是不誖。則是有可也。（同此。）人之言不可以當，必不當。（舊作審、從孫校。）

釋　經文之意，謂：以某人之言爲盡誖者，誖也。亦視其所言何如耳。經說釋之曰：誖者何？不可之謂也。言有出入者，（「出入」之意、如論語「小德出入可也」之出入。）其言非皆不可，此人所公認也。（是不誖。）既如此，則是雖間有不可亦間有可也，非盡誖也。今子曰：『此人之言不可以當，』則謂其言盡誖也。是必不當；是子之誖也。此條論欲求真理，當虛心別擇；不可先挾成見。

七三 **經** 惟吾謂非名也，則不可。說在仮。(同反。)

說 惟：謂是虎，(舊作霍、從孫校。)可；而狗(舊作猶、以意校。)之非夫虎也；謂彼是是(下是字訓此。)也，不可。謂者毋(?)(此字疑衍或譌。)惟乎其謂。彼狗惟乎其謂，則吾謂〔不〕行；(孫云：不字衍。)彼若不惟其謂，則不行也。

釋 此條有譌，未能確解。大意或謂：命物之名，須以公認者爲鵠，僅吾謂之而非其本名則不可。例如吾隨指一物而謂之爲虎，何嘗不可？然此物實狗而非虎也，吾謂彼爲此，終不可也。文意是否如此，未敢斷。

七四 **經** 無窮不害兼。說在盈否〔知〕。

說 無：南者(?)有窮則可盡，無窮則不可盡。有窮無窮未可知，(舊作智、下同。)則可盡不可盡〔不可盡〕(畢云：此三字衍。)

未可知。人之盈【之】孫云：此字衍。否未可知【而必】此二字涉下而字衍。人之可盡不可盡亦未可知，而必人之不此字舊本脫，從孫校補。窮，則可盡愛也，誖。人若不盈无舊譌作先，從孫校改。窮，則人有窮也；盡有窮，無難。盈無窮，則無窮盡也；盡有窮，無難。

校 此條經文今本在第三十五條『知知之』之上，諸家以上知字屬此條，下知字屬彼條，非是。

經說「無南者」三字，諸家或以屬上條，或以爲衍文，或破南爲難，援末句之「無難」爲例，或云無南卽南無窮，皆誤也。無字乃牒經標題之文，不應連下讀。惟者字疑有譌，或當作方，或當作若。

釋 此條論兼愛說與無窮說不相妨。墨家既持兼愛論，又持無窮論，本篇第六十二條『久有窮無窮，』莊子天下篇『南方無窮而有窮，』是也或疑兩義不相容，故以此釋之。（「南方無窮而有窮」、是當時名家所演論題之一。故此文亦借南方爲例、者字或方字之譌、或若字之譌、但不改亦可通。）末段之意，謂：人類若不能充滿無窮之宇宙，則宇宙雖無窮而人有窮也；兼，則舉此有窮者而盡之耳。難者謂無窮害兼，其說不成。人類若能充滿無窮之宇宙，則此無窮者已爲人所盡也；兼，亦舉所已盡者而盡之耳。難者之義亦不成。啓超案：此說殊近詭辯，文中兩言「盡有窮，」則是因其有窮始不害兼耳，若誠無窮，則終害兼也。

七五 **經** 不知其數而知其盡也，說在問（舊作明、孫據說校改。）者。

說 不：一一（舊作「不二」、將一一兩字併寫而譌。）知（舊作智、下同。）其數，惡知愛民(?)（此字疑衍。）之盡之（舊譌作文。）也？或者遺乎其問也。盡愛人則盡愛其所問。若不知其數而知愛之盡之也，無難。

釋 此言兼愛之義，乃愛人類之總體，非必一一校其個體而愛之也。計校個體，無論算法若何精密，終不能無所遺。孟子所謂：「安得人人而濟之」也。

七六 經 不知其所處，不害愛之。說在喪子者。

無說

釋 此言所愛之對境雖不存在，猶能用吾愛。說兼愛之義到深刻處。

七七 經 仁義之爲外內也，非。（舊作內、從孫校改。）說在仵顏(?)。（顏字有誤。孫云：當作顏。呂氏春秋明理篇云：「其民顏訢」、高注云：顏猶大訢逆也。）

說 仁：（張云：此字衍、非是。此乃牒經標題。）仁，愛也。義，利也。愛利，此也。所愛利，彼也。愛利不相爲內外；所愛利亦不相爲外內。其謂（舊作爲、爲謂古通用。）仁內也義外也，舉愛與所利也；是狂舉也。若左目出右目入。

釋 能愛能利者，我也；所愛所利者，彼也。能愛能利，俱內；不能謂能愛爲內能利爲外。所愛所利，俱外；亦不能謂所愛爲內所利爲外。今謂仁內義外者，於愛則舉能，於利則舉所。是猶謂左目出而右目入也。非狂舉而何？

七八 經 學之益也。說在誹者。

說 學：學（下文衍一學字、疑當在此。）也以爲不知，學之無益也。教，（舊作故、疑誤。）告之也，是使知。（舊作智。）【學之無益也】（此五字涉上句而衍、學字或首句錯文。）是教也，以學爲無益也；教，詩。

釋 學所以求知也；學焉而得不知焉，則學之爲無益也。凡教者，告人以所不知也，彼不知而告之使知也。有教者於此，遵其教而學焉而無益焉；則其教誖也。何謂「學也以爲不知」？例如五歲學童，教之以『在明明德，』『天命之謂性，』必愈學而愈不知也。以是爲教，其教誖也。例如在學校强記課本，而於實際生活，一無所接近，亦愈學而愈不知也。以是爲敎，其教誖也。

七九 經 誹之可否，不以衆寡。說在可誹。

說【論】誹：論字衍。誹之可不可，以理之可非，舊作誹。雖多誹，其誹是也。其理不可非，雖少誹，非也。今也謂多誹者不可，是猶以長論短。【不誹】此二字衍。

八〇 經 非誹者誖。舊譌作諄。說在弗非。

說 非：非舊作已，以意改。之，誹也【不】此字應在下句。非誹，不非可非也。不可誹舊譌作非。也，是不可舊譌作非。非舊譌作誹。也。

釋 有非者則非之，所謂誹也。以誹爲非，則是不非夫可非者也。教人以不可誹，無異教人以不可非；是以無是非之心爲教也。誖也。

八一 經 物甚不甚。說在若是。

說 物：甚長甚短，莫長於是，莫短於是。是，若（舊作之。）是也。若（舊作非、下句文錯倒。）是也者，非（舊本作莫、若字之譌、又錯倒上句文。）甚於是。

釋 甚長甚短云者，因莫長於是故謂之甚長，因莫短於是故謂之甚短。此言甚與不甚，因舉一物爲主體相與比較而得名也。故曰：『說在若是。』

八二 經 取下以求上也。說在澤。

說 取：高下以善不善爲度。【不】（此字疑衍。）若山澤。處下善於處上，下所謂（舊作請，譌。）上也。

〖釋〗高非必可貴，下非必可賤，惟以適不適爲標準耳。若山澤然，山以高爲適，澤以下爲適也。若處下視處上爲適，則其處下也，乃正以得上也。故曰：「取下以求上」

八三 **〖經〗是是**（？）（此字疑譌。）**與是同，說在不州**（？）（此兩字有譌。）

〖說〗〔不〕（不字衍。）**是：是，則是；且是焉，今是。之**（舊作文、本書文字皆之字之譌。）**於是而不於是，故是不之。是不之則是而不之焉。今是不之於是而之與是，故之與是不之同說也。**

〖釋〗此條譌脫難讀。似是辨「是」字與「之」字之用法。兩字有時可通用，有時不可通用。「之」字有時當「此」字解，有時當「其」字解。

墨經校釋後序

梁任公先生近來把他十餘年來讀墨子經上下經說上下四篇隨時做的簽註，輯爲一書，寫成墨經校釋四卷。他因爲我也愛讀這幾篇書，故寫信來，要我做一篇序。我曾發願，要做一部墨辯新詁；不料六七年來，這書還沒有寫定。現在我見了梁先生這部校釋，心裏又慚愧，又歡喜。這篇序，我如何敢辭呢？

梁先生的校釋，有許多地方與張惠言孫詒讓諸人的校釋大不相同。我們看這部書，便知道梁先生在這四篇書上着實用過許多工夫。我們雖未必都能贊同他的見解，但這裏面很有許多新頴的校改，很可供治墨學的人的參考。例如經說下第六七條，『或不非牛而非牛也，則或非牛或牛而牛也，可；』梁先生據明嘉靖癸丑本，於『則』字上校增『可』字。嘉靖本近始由上海涵芬樓列入四部叢刊印行，但從前校墨子的人都不曾見此本，故梁先生這一條乃是用嘉靖本校墨子的第一次。將來一定有人繼起，把嘉靖本與他本的異同得失，一一校勘出來。

梁先生在差不多二十年前就提倡墨家的學說了。他在新民叢報裏曾有許多關於墨學的文章，在當時曾引起了許多人對於墨學的新興趣。我自己便是那許多人中的一個人。現在梁先生這部新書，一定可以引起更多更廣的新興趣，一定可以受更多讀墨子的人的歡迎，是無可疑的。但梁先生還要我在這篇序裏『是正其謌謬。』他這樣的虛心與厚意，使我不敢做一篇僅僅應酬的序。我讀了這部書，略有一點意見，貢獻出來，請梁先生切實指教。

梁先生自己說他治這部書的方法中有一條重要的公例：『凡經說每條之首一字，必牒舉所說經文此條之首一字以爲標題。此字在經文中可以與下文連讀成句；在經說中，決不許與下文連讀成句。『梁先生用了這條公例，校改了許多舊注。他自己說：『竊謂循此以讀，可以無大過。』他所改的地方，如經說下第八條牒出『異』字，如經說下第四九條牒出『知』字，確然都可自立一說，可供治墨學的參考。但我覺得他把這條公例定的太狹窄了，應用時確有許多困難；若太拘泥了，一定要發生很可指摘的穿鑿傅會。例如經說下第六條牒出『不』字，第七條又牒出『不』字，似乎太牽强了。牒出標題的辦法，——假令真有此辦法，——不過是要求標題的分清醒目，似乎不致牒出像『不』字那樣最常用的字罷？依我個人的愚見，我們至多只可說，『經說每條的起首，往往標出經文本條中的一字或一字以上。』但（1）不限於經說每條的首一字，（2）不限於經文每條的首一字，（3）不必說『必』，（4）不可說『此字在經說中決不許與下文連讀成句。』梁先生必欲加上這四種限制的條件，故經說下第五四條起首的『心』字，梁先生只肯留下『中』字；剩下的『心』字，他改為『必』字，『心中，』再改為『平』字，然後倒移到二十三個字的前面去，作為第五四條經說的標題。這豈不是太牽强的校勘嗎？又如經說上第三條『知材：知也者，所以知也。』梁先生也讀『知材』兩字為牒題，可見『首一字』的限制，無論是經或經說，都不可拘泥。第六條梁先生也牒『有間』兩字，與此條相同。又如經說上第一，二，三，四，五，六，等條，標題的字都是獨立的，不與下文連讀成句。但此項限制並非普遍的。如第二一條『力，重之謂；』這一類的句子，我們就不能不把標題的字與下文連讀成句了。

況且梁先生對於他提出的這條公例，也不能完全謹守。例如經說下近篇末之處有『諾超城員止也……』一大段，依梁先生牒題的公例，這一段應該是經文『諾不一利用……』的說了。但梁先生卻把經說的『諾』字改爲『言』字，移作『言，口之利也』的說的標題；並且把經文『諾不一』一段認爲衍文，一齊刪去了！

以上說的是梁先生治墨經的一條主要方法。此外梁先生還有一個意見，他說：『今本之經及經說皆非盡原文，必有爲後人附加者。』我是一個最愛疑古的人，但我對於墨子的經上下經說上下，大取，小取六篇，卻不敢懷疑。這幾篇書，因爲難懂的緣故，研究的人很少；但因爲研究這些書的人很少，故那些作僞書的人都不願意在這幾篇上玩把戲。因此，我們覺得這幾篇書脫誤雖然不少，卻不像有後人附加的文句。經上篇末有『說』字，下注『音利』二字，（孫詒讓校改作『言利』，又改作經文。）此二字確是很像舊注。此外，我們就不容易尋出後人附加的痕跡了。（梁先生說：『讀此書旁行』五字是後人所加，此似不然。原書亦未嘗不可有這五個字。）

梁先生這個意見，我覺得有點危險。因為他根據了這個意見，就把經與經說的原文刪去了好幾段，認為後人附加的案語。我且舉經文的末數行（自『諸不一利用』以下，）經說末數行（自『諸超城員止也』以下，）作一個例：

（經　上）

諸不一利用
服執說（音利）巧轉則求其故大
益
法同則觀其同
法異則觀其宜
止因以別道
舌無非

（經說上）

諸超城（張惠言本作成。）員止也相從相去先知是可五色長短前後輕重援執服難成言務成之九則求執之法法取同觀巧傳法取此擇彼問故觀宜以人之有黑者有不黑者也止黑人與以有愛於人有不愛於人心愛人是

執宜心彼舉然者以爲此其然
也則舉不然者而問之若聖人
有非而不非
正五諾皆人於知有說過五諾
若員無直無說用五諾若自然
矣

這些經與經說，依我的私見看來，並不很費解。經文並無誤字，但因原書短簡每行平均五六字，爲上行所隔開，誤分作六行，故不可讀。今合爲一條經，讀如下：

諾不一，利用服。執說（舊注『音利、』孫校改爲『言利、』是也。但孫說則無理。孫引埤倉云：『詁說、言不同也。』今檢任大椿小學鉤沈卷八據集韻類篇引埤倉、作『詁說、言不正。』又康熙字典引埤倉、亦作『不正。』孫書多誤字、此其一也。『言利』猶言『利口、』即『言不正』之意。言音形似而譌。）巧轉，則求其故，大益。法同則觀其同，法異則觀其宜止，因以別道。正，無非。

如此，便不須解說了。經說一百三十五字，都是說這一條的，也不必分開。今校讀如下：

諾，超城邑（原作員）止也。相從相去，先（原作先）知是可。五色，長短，前後，輕重，援執（不）服，難成言。務成之，執（原作九，乃執之壞字。）則求執之法。法取同，觀巧轉；法取此擇彼，問故觀宜。以人之有黑者，有不黑者也，止黑人；與以有愛於人，有不愛於人，止（原作心，依張校改。）愛（於）人：是孰宜止？（原作心，从張校。）彼舉然也，以爲此其然也，則舉不然者而問之。若㐀，（原作聖）人有非而不非。正，互諾。（互舊譌作五。形似而譌。下同。）人皆於知有說。（皆字舊在人字上。今改正。或當在知字下，則更順了。）過互諾，若『員無直』無說。用互諾，若自然矣。

如此校讀，幾乎不須改字，而意義似更明顯。最重要的，乃是一個『止』

字的意義。此乃墨辯裏的一個重要術語，試看經下與經說下的第一條，便知此字的重要，又可參證此兩大段。墨辯用『止』字之處甚多，但最重要的莫如上篇的末章與下篇的首章。梁先生都改爲『正，』便不好講了。

墨子尙同各篇深怕『一人一義，十人十義』的危險，故主張『上同』之法，——上之所是，必皆是；所非，必皆非之，——很帶有專制的采色。墨家後人漸打破這種專制的正義觀，故經上有『君臣萌通約』之說，經說上釋此條道：『君，以若民者也。』梁先生校改『若』爲『約；』但『若』字向來訓『順，』正不煩改字，而意義更明顯。末章論『諾，』注重於思辨的方法，眞是『別墨』的科學精神！這樣折服人，自然使人心服，故能做到『互諾』的地位。『正』並不是『上同於天，』乃是『互諾。』『人於知皆有說，』但已經成爲公認的眞理，如幾何學上的『員無直，』自然沒有說話了。

梁先生校讀此兩大段極重要的經與說，共刪去經文十六字認爲傳寫的人所妄加；又刪去經說『以人之有黑者，有不黑者也』以下三十一字，以爲讀者所加案語；又把『若聖人有非而不非』八字搬在『正』字之下，『五諾』之上；又把『五諾皆人於知有說』以下二十四個一齊刪去，以爲是複寫的衍文。梁先生說，『所以複寫者，因旁行本下有空格，傳者輒思補滿之，乃將前條複寫，而又譌衍百出。』這種大膽的刪削與心理的揣測，依校勘學的方法看來，似乎有點牽强。校勘家第一須搜求善本，校勘同異。若無善本可以質證，而仍不能不校讎，我們固然有時也可依據普通心理的可能，定校勘的範圍與規律，如『形似而誤，』『涉上下文而衍，』等等。但此項校勘的程度，至多不過是一種比較的『機數』(Probability)。故校勘家當向機數最大的方面做去。例如韓非子說的『舉燭』一件故事，那種心理上的錯誤便不在校勘學的範圍之內了；因爲一個人寫字時，他的心理上可能的變化，是無窮數的；他也許想到舉燭，也許想到喝酒，也許想到洗腳……校勘家如何揣測得定呢？但這樣一兩個字的誤衍，我們有時還勉強可以用『誤衍』兩字去辨理。至於整幾十個字的誤衍，那種事實的機數，在心理學上看來，差不多近於零點，更不能列在校勘學的範圍之內了，梁先生以爲如何？

這幾點都是關於梁先生著書方法的討論。至於梁先生校釋墨辯各條的是非得失，那就不是這篇短序裏能討論的了。此外，梁先生和我對於墨辯的時代和著者等等問題的見解不同，我也不願在這裏答辯。我很感謝梁先生使我得先讀這部書的稿本。梁先生這部書的出版，把我對於墨辯的興趣又重新引起來了；倘我竟能因此把我的墨辯新詁的稿本整理出來，寫定付印，我就更應該感謝梁先生了。

十，一二，六，胡適。

TEXTUAL COMMENTARY ON THE WORKS OF MO TI

By

LIANG CH'I CH'AO

1st ed., April, 1922 4th ed., Nov., 1926

Price: $0.70, postage extra

THE COMMERCIAL PRESS, LIMITED

SHANGHAI, CHINA

中華民國十一年四月初版
中華民國十五年十一月四版

(墨經校釋一冊)
(每冊定價大洋柒角)
(外埠酌加運費匯費)

著者 新會梁啓超

發行者 商務印書館

印刷所 上海北河南路北首寶山路 商務印書館

總發行所 上海棋盤街中市 商務印書館

分售處 商務印書分館 北京 天津 保定 奉天 吉林 龍江 濟南 太原 開封 西安 南京 杭州 蘭谿 安慶 蕪湖 南昌 九江 漢口 長沙 常德 衡州 成都 重慶 廈門 福州 廣州 潮州 香港 梧州 雲南 貴陽 張家口 新嘉坡

三三一六張

崇文学术文库 · 西方哲学

1. 靳希平　吴增定　十九世纪德国非主流哲学——现象学史前史札记
2. 倪梁康　现象学的始基：胡塞尔《逻辑研究》释要（内外编）
3. 陈荣华　海德格尔《存有与时间》阐释
4. 张尧均　隐喻的身体：梅洛-庞蒂身体现象学研究（修订版）
5. 龚卓军　身体部署：梅洛-庞蒂与现象学之后
6. 游淙祺　胡塞尔的现象学心理学 [待出]
7. 刘国英　法国现象学的踪迹：从萨特到德里达 [待出]
8. 方红庆　先验论证研究[待出]

崇文学术文库 · 中国哲学

1. 马积高　荀学源流
2. 康中乾　魏晋玄学史
3. 蔡仲德　《礼记·乐记》《声无哀乐论》注译与研究
4. 冯耀明　“超越内在”的迷思：从分析哲学观点看当代新儒学
5. 白　奚　稷下学研究：中国古代的思想自由与百家争鸣
6. 马积高　宋明理学与文学
7. 陈志强　晚明王学原恶论 [待出]
8. 郑家栋　现代新儒学概论（修订版）[待出]

崇文学术 · 逻辑

1.1 章士钊　逻辑指要
1.2 金岳霖　逻辑 [待出]
1.3 傅汎际 译义，李之藻 达辞：名理探 [待出]
1.4〔英〕耶方斯 著，王国维 译：辨学
1.5 亚里士多德 著：工具论（五篇 英文）
2.1 刘培育　中国名辩学 [待出]
2.2 胡　适　先秦名学史（英文）[待出]
2.3 梁启超　墨经校释
2.4 陈　柱　公孙龙子集解
3.1 窥　基　因明入正理论疏（金陵本）[待出]

崇文学术译丛·西方哲学

1. 〔英〕W. T. 斯退士 著，鲍训吾 译：黑格尔哲学
2. 〔法〕笛卡尔 著，关文运 译：哲学原理 方法论
3. 〔德〕康德 著，关文运 译：实践理性批判
4. 〔英〕休谟 著，周晓亮 译：人类理智研究 [待出]
5. 〔英〕休谟 著，周晓亮 译：道德原理研究 [待出]
6. 〔美〕迈克尔·哥文 著，周建漳 译：于思之际，何所发生 [待出]
7. 〔美〕迈克尔·哥文 著，周建漳 译：真理与存在 [待出]

崇文学术译丛·语言与文字

1. 〔法〕梅耶 著，岑麒祥 译：历史语言学中的比较方法
2. 〔美〕萨克斯 著，康慨 译：伟大的字母 [待出]
3. 〔法〕托里 著，曹莉 译：字母的科学与艺术 [待出]

中国古代哲学典籍丛刊

1. 〔明〕王肯堂 证义，倪梁康、许伟 校证：成唯识论证义
2. 〔唐〕杨倞 注，〔日〕久保爱 增注，张觉 校证：荀子增注 [待出]
3. 〔清〕郭庆藩 撰，黄钊 著：清本《庄子》校训析
4. 张纯一 著：墨子集解

徐梵澄著译选集

1. 尼采自传（德译汉）
2. 薄伽梵歌（梵译汉）
3. 玄理参同（英译汉并疏解）
4. 陆王学述
5. 老子臆解
6. 孙波：徐梵澄传（修订版）

出品：崇文书局人文学术编辑部
联系：027-87679738，mwh902@163.com

我思®
敢于运用你的理智

唯识学丛书

01. 周叔迦　唯识研究
02. 唐大圆　唯识方便谈
03. 慈　航　成唯识论讲话
04. 法　舫　唯识史观及其哲学
05. 吕澂唯识论著集
06. 王恩洋唯识论著集
07. 梅光羲唯识论著集
08. 韩清净唯识论著集
09. 王恩洋　摄论疏
10. 王恩洋、周叔迦　唯识二十论注疏（二种）
11. 王恩洋、周叔迦　因明入正理论释（二种）
12. 无著、世亲等　唯识基本论典合集
13. 太虚、欧阳竟无等　唯识义理论争集
14. 王夫之、废名等　诸家论唯识
15. 熊十力等　新唯识论（批评本）
16. 太虚唯识论著精选集
17. 唯识所依经三种合刊（藏要本影印）
18. 唯识十支论 · 无著卷（藏要本影印）
19. 唯识十支论 · 世亲卷（藏要本影印）
20. 成唯识论（藏要本影印）
21. 田光烈唯识论著集
22. 欧阳竟无　唯识讲义
23. 罗时宪　唯识方隅
24. 倪梁康　八识规矩颂注译（二种）
25. 杨廷福　玄奘年谱
26. 金陵刻经处大事记长编（1864—1952）

禅解儒道丛书

1. 憨　山　老子道德经解
2. 憨　山　庄子内篇注
3. 蕅　益　四书蕅益解
4. 蕅　益　周易禅解
5. 章太炎　齐物论释
6. 马一浮　老子注
7. 杨仁山　经典发隐
8. 欧阳渐　孔学杂著

西方哲学经典影印

01. 第尔斯（Diels）、克兰茨（Kranz）：前苏格拉底哲学家残篇（希德）
02. 弗里曼（Freeman）英译：前苏格拉底哲学家残篇
03. 柏奈特（Burnet）：早期希腊哲学（英文）
04. 策勒（Zeller）：古希腊哲学史纲（德文）
05. 柏拉图：游叙弗伦 申辩 克力同 斐多（希英），福勒（Fowler）英译
06. 柏拉图：理想国（希英），肖里（Shorey）英译
07. 亚里士多德：形而上学，罗斯（Ross）英译
08. 亚里士多德：尼各马可伦理学，罗斯（Ross）英译
09. 笛卡尔：第一哲学沉思集（法文），Adam et Tannery 编
10. 康德：纯粹理性批判（德文迈纳版），Schmidt 编
11. 康德：实践理性批判（德文迈纳版），Vorländer 编
12. 康德：判断力批判（德文迈纳版），Vorländer 编
13. 黑格尔：精神现象学（德文迈纳版），Hoffmeister 编
14. 黑格尔：哲学全书纲要（德文迈纳版），Lasson 编
15. 康德：纯粹理性批判，斯密（Smith）英译
16. 弗雷格：算术基础（德英），奥斯汀（Austin）英译
17. 罗素：数理哲学导论（英文）
18. 维特根斯坦：逻辑哲学论（德英），奥格登（Ogden）英译
19. 胡塞尔：纯粹现象学通论（德文1922年版）
20. 罗素：西方哲学史（英文）
21. 休谟：人性论（英文），Selby–Bigge 编
22. 康德：纯粹理性批判（德文科学院版）
23. 康德：实践理性批判 判断力批判（德文科学院版）
24. 梅洛－庞蒂：知觉现象学（法文）

西方科学经典影印

1. 欧几里得：几何原本，希思（Heath）英译
2. 阿基米德全集，希思（Heath）英译
3. 阿波罗尼奥斯：圆锥曲线论，希思（Heath）英译
4. 牛顿：自然哲学的数学原理，莫特（Motte）、卡加里（Cajori）英译
5. 爱因斯坦：狭义与广义相对论浅说（德英），罗森（Lawson）英译
6. 希尔伯特：几何基础 数学问题（德英），汤森德（Townsend）、纽苏（Newson）英译
7. 克莱因（Klein）：高观点下的初等数学：算术 代数 分析 几何，赫德里克（Hedrick）、诺布尔（Noble）英译

古典语言丛书（影印版）

1. 麦克唐奈（Macdonell）：学生梵语语法
2. 迪罗塞乐（Duroiselle）：实用巴利语语法
3. 艾伦（Allen）、格里诺（Greenough）：拉丁语语法新编
4. 威廉斯（Williams）：梵英大词典
5. 刘易斯（Lewis）、肖特（Short）：拉英大词典